穿越歷史遊灣區

東莞

小白楊工作室　策劃

陳萬雄　主編　　劉集民　編著

中華教育

序 言

　　自 2017 年 7 月 1 日，《深化粵港澳合作推進大灣區建設框架協議》在習近平主席的見證下簽訂以來，社會各界對粵港澳大灣區的興趣與日俱增。工商界、金融界、各服務行業為找尋商機而一馬當先，自然不在話下。文化藝術界亦希望能到大灣區內各地演出、交流。創新科技界則期許能通過合作，在大灣區內建成完整的產學研鏈，將科研成果產業化，為大眾所用。教育界更是熱切期待能組織同學們到大灣區各地考察、交流、學習。恢復通關之後，來往大灣區各地的旅行團越來越多，旅遊界亦忙個不亦樂乎。

　　無論我們日後到大灣區內各地旅遊、考察、交流、投資、就業、或創業，如果我們能對當地的文化歷史、風土人情有所了解，那就可能更容易適應，更容易掌握情況、更得心應手了。香港中華書局這一套《穿越歷史遊灣區》叢書，正正是為了這個時代的需要而撰寫的。叢書的主編陳萬雄博士，是位生於嶺南、長於嶺南，對嶺南文化歷史有深刻認識和深厚人文情懷的歷史學家，善用生動的語言和引人入勝的實物（文物、古跡），講好大灣區的故事。毫無疑問，這套叢書可以讓以上各界別的朋友們增加對大灣區的了解，讓大家在灣區旅遊或生活時感到更親切、更興趣盎然。衷心感謝陳萬雄博士為大家編成了這套契合時代需要的好書。

大灣區院士聯盟副主席
中國工程院院士
李焯芬
2023 年 6 月

前言

「舊邦新命」的大灣區

　　粵港澳大灣區的宏大發展規劃與新的建設進程，不僅是廣東，亦為全中國、海外、甚至世界所矚目，預期會再創中國與世界發展的奇跡。以珠江三角洲為核心的大灣區，自上世紀八十年代的「開放年代」起，它的發展進程處於中國近幾十年現代化發展的前沿，也成就了人類文明發展史上的奇跡。

　　向來被稱為「廣府地區」、「嶺南地區」、「珠三角地區」，今以新名片「粵港澳大灣區」面世的這一地區，在中國幾千年的歷史進程中，甚至從世界歷史的發展維度上，於歷史發展、文明創造及東西方文化交流融合方面擔當過重要的引領角色，是中國多元一體文化中的重要一元。因此，我們對吹起新號角的「粵港澳大灣區」，要有全面而深刻的認識，必須從源遠流長的歷史大視野，文化風俗的特色，世局的變遷等角度去作了解。

　　《穿越歷史遊灣區》叢書，就是這樣一套內容簡要、穿越古今、跨域交織、深入淺出、圖文並茂，為大眾和青年學生閱讀了解、旅行體驗大灣區而編寫的叢書。此叢書雖是為大眾體驗文化，遊覽大灣區編撰的普及讀物，但亦參考了諸多學者專家著作，未能一一稱引，在此一併感謝。

主編　陳萬雄博士

2023 年 5 月

旅行清單

出發前你想知的東莞二三事！

我們的高鐵就要啟程啦！此次我們的目的地是東莞。在踏上旅途之前，可以想一想以下的問題中，有沒有你想知道答案的？我們可以在之後的旅程中慢慢尋找！

Q1 東莞的「莞」是甚麼意思？為甚麼這座城市以此命名？

Q2 有人説東莞本地的居民全都是從北方遷徙來的，這個説法對不對呢？

Q3 東莞在中國的改革開放中扮演了甚麼角色？

Q4 東莞的嶺南園林，和著名的江南蘇州園林有甚麼異同？

Q5 東莞當地的著名文化人士有哪些？你能説出其中若干人的事跡嗎？

Q6 能否指出1～2位曾在香港居住的東莞文化名人？

Q7 嶺南四大園林之一，位於東莞的可園有甚麼特點？

Q14 在東莞甚麼地方拍照可以拍出身在外星或荒涼戈壁的效果？

Q15 想在東莞觀察候鳥，應該在一年的甚麼時候出發，去哪裏看？

Q13 東莞最高的山峰叫甚麼？

Q16 東莞目前有幾項國家級非物質文化遺產？你最喜歡哪一項？

Q12 香港新界地區的圍村和東莞塘尾明清古村落有甚麼相似點？

Q17 東莞小朋友除夕為甚麼要拿着鴨蛋在街上跑？

Q11 虎門銷煙有甚麼歷史意義？

Q18 「賣身節」有甚麼習俗？

Q10 我們去虎門能見到哪些歷史古跡？

Q19 東莞人端午節有甚麼活動？

Q20 哪一種東莞特產隨着海上絲綢之路行銷海外，甚至可能影響香港地名的產生？

Q9 有部金庸小説和明末東莞的一位著名人物有關，你能説出這部小説和這個人的名字嗎？

Q21 東莞盛產哪些水果？

Q8 甚麼是嶺南畫派？

Q22 「糖不甩」因何得名？

目 錄

東莞是粵港澳大灣區十一個中心城市之一。我們熟知的是改革開放以來東莞發達的加工工業與電子裝配工業。東莞名字中的「莞」字因何而來，東莞怎樣在珠江與伶仃洋交匯的地方走過從古至今千年的歷程？

　　遊覽東莞的第一步，先從了解這座城市的概況開始。

01

了解東莞

的第一步

東莞在哪裏?

現在我們進入粵港澳大灣區的南部，來到廣州和深圳之間的位置。這裏是東江下游，珠江三角洲東部的沖積平原和粵中低山丘陵區的交接地帶，珠江的淡水和伶仃洋的鹹水在這個區域匯合。

東莞的氣候、地形地勢、行政區域、人口概況

東莞為亞熱帶海洋性氣候，温和多雨。地勢東南高，西北低。全市共有市、鎮兩級行政區劃，市政府直轄4街道，28鎮。主城區4個街道為莞城街道、東城街道、南城街道、萬江街道。截至2020年，東莞全市總面積達到約2460平方公里，人口超過一千萬人。

如何前往東莞？

🚗 **高速公路**：G4 京港澳高速公路／G15 瀋海高速公路（廣深高速公路）、G94 珠三角環線高速公路（莞深高速公路）、S3 廣深沿江高速公路、S31 龍大高速公路、東莞市環城路、廣園快速路、S6 廣龍高速公路、虎崗高速公路、東莞東部快速幹線等。

🚈 **鐵路**：廣深鐵路東莞站、京九鐵路／廣梅汕鐵路東莞東站、廣深港高速鐵路虎門站、莞惠城際軌道交通、穗深城際軌道交通等。

✈️ **航空**：使用廣州白雲國際機場與深圳寶安國際機場轉車抵達。

🚢 **船運**：沿海碼頭水運發達，在香港國際機場的海天客運碼頭上船，可以抵達虎門港澳客運碼頭。

東莞歷代管轄範圍

東莞歷史源遠流長，早在數千年前就有人類活動痕跡。到了東晉，朝廷由南海郡分出而設置東官郡。南朝時設置行政縣，名為「寶安」。唐代中期，寶安縣的縣治從南頭遷到涌（即今日之莞城），正式稱為「東莞縣」，一直延用至今。所以東莞也是一個千年古縣。

歷史上東莞的轄區，包括過香港、深圳甚至珠江對岸的中山地區。

東莞管轄範圍		
朝代	管轄地域	今城市範圍
東晉	咸和六年（331年）置東官郡，領寶安、安懷、興寧、海豐、海安、欣樂六縣，郡治蕪城（今深圳南頭）。	包括今東莞、潮州、汕頭、惠州、深圳、中山、珠海、香港、澳門等
	義熙九年（413年），分東官郡東部為義安郡，潮州、汕頭一帶從東莞分出。	包括今東莞、惠州、深圳、中山、珠海、香港、澳門等
南齊	齊（479～502），東官郡遷郡治於安懷（今東莞大朗鎮）轄寶安、安懷、興寧、海豐、海安、欣樂、齊昌、陸安八縣。	包括今東莞、惠州、深圳、中山、珠海、香港、澳門等
南梁	天監二年（503年）分出興寧、海豐等縣另設梁化郡。东莞轄寶安、安懷、齊昌、陸安等縣。	包括今東莞、深圳、中山、珠海、香港、澳門等
唐	至德二年（757年），改寶安為「東莞」，縣治設在「涌」（今莞城）。	包括今東莞、深圳、中山、珠海、香港、澳門等
南宋	紹興二十二年（1152年），分出東莞香山鎮另設香山縣。今中山、珠海、澳門分出東莞。	包括今東莞、深圳、香港等
明	萬曆元年（1573年），將東莞守禦千戶所編戶五十六里設新安縣，今深圳、香港分出。	東莞

東莞的名字

由於東莞位於廣州和深圳之間。東江的淡水和伶仃洋的鹹水交匯，非常適宜莞草的生長，因此東莞以「莞」為名。用莞草編織草蓆、草帽、草坐墊等，是東莞的傳統手工業。東莞的最早開發與得名，又或許與產鹽有關。早在新石器時代，東莞就有產鹽。鹽的生產在古代關乎國計民生，漢武帝時在嶺南分設東西鹽官，駐所在深圳南頭古城一帶的稱為「東官」。莞鹽在宋代達到興盛期，《元豐九域志》記載，宋「廣南東路」設有十四個官辦鹽場，其中東莞縣境內有靖康、大寧、東莞三個鹽場，和南海（今香港大嶼山）、黃田（今香港屯門）、歸德三個鹽柵。至有後世屈大均稱讚的「鹽燒積雪千田白，花吐攀枝十里紅」的盛況。

因草得名？

因鹽得名？

▲ 製作莞草手工藝品（張永通　攝，東莞市莞城圖書館提供）

▲ 國畫《莞草》 郭樹容繪

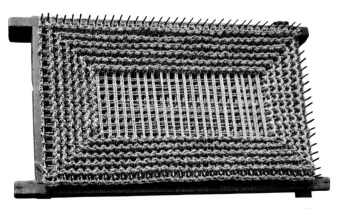

▲ 東莞市非物質文化遺產展示廳展出的莞草編織坐墊與手袋

東莞人從哪裏來？

考古發現，東莞在 5000 年前新石器時代的末期，相當於中原的「五帝時代」，已發現人類活動的遺址。從公元前 3000 年的青銅器時代到之後的各個歷史時期，都發現了地下遺址。

唐宋之後，大量中原人口南遷，不少人落戶東莞，並帶來了先進的生產技術、生產工具和文化，促進了東莞的興旺。

▲ 距今 6500 ～ 4000 年的蠔崗遺址

東莞先秦遺址示意圖					
距今約 6000 ～ 5000 年	距今約 5000 ～ 4000 年	距今約 4000 ～ 3500 年	距今約 3500 ～ 3000 年	距今約 3000 ～ 2770 年	距今約 2770 ～ 2220 年
新石器時代中期	新石器時代晚期	夏王朝	商王朝	西周	東周
蠔崗遺址					
萬福庵遺址					
	園洲遺址				
		榕樹嶺遺址			
			村頭遺址		
				竹頭角遺址	
					打鼓嶺遺址
					峽口遺址
					柏洲邊遺址

穿越古今，如何在東莞找工作？

來到東莞，哇，真是百業興旺。古代東莞人和現代東莞人，他們主要從事的行業是一樣的嗎？各個時代的東莞人心目中都有哪些熱門工作？東莞有甚麼著名的產業？我們來做個跨越時空的採訪。

明清時期

自明以後，東莞南部已成為重要的貿易區。東莞的雞棲、屯門、虎頭門是廣州府夷船的主要泊口，被外商稱為「貿易島」。到了清代，虎門、鎮口、石龍成為粵海關的重要稅口。東莞逐漸發展成為嶺南海貿的重要地區。土產的莞香、莞草、煙花爆竹等也成為貿易商品，構成了當時世界貿易中的一環。

東莞扼守東江和廣州水道的出海口，「凡番舶赴黃埔者，必由於此」，因而成為「番東之要津」。軍事上，東莞是粵中海防咽喉，是廣東海防的最前線，也發揮着重要的門戶作用。近代史的開篇——虎門銷煙，就發生在東莞。

近代

近代東莞，以農業為主，有「魚米之鄉」之譽。但由於境內多山地，沿海的農田又受鹹潮的影響，整體來講並不算特別富庶，所以東莞出外謀生的人很多。

香港開埠後迅速發展，成為中國南方可與廣州比肩的城市。東莞的石龍鎮扼東江下游南北支流交匯處的優勢，一躍而成為東江流域最主要的商品集散地。1906年廣九鐵路建成，石龍更得到進一步的發展。因此，也促使東莞發揮了連接廣州與香港的橋樑和紐帶作用。

搭火車去香港也是個好選擇！

我和鄰居們都靠船運貿易生活，當然也有人在這裏當兵！

我打算去南洋看看，找一份工作。

在家種地是很辛苦的！

引進番薯 —— 中國農業的東莞印記

　　大家應該都吃過香甜美味的番薯，這種作物原產美洲，後來四向傳播，滿足了世界各地人們對糧食的需要。中國的番薯，主要是在明朝從東南亞各國傳入的，它傳入的途徑是多元的，並非一時、一地、一人可以徹底完成。被稱為「新中國考古學奠基人」的考古學家兼歷史學家夏鼐先生在《略談番薯和薯蕷》一文中評價考證番薯出現在中國的歷史的重要意義：

　　我國人口，在西漢末年便已接近六千萬，到明代極盛時仍只有六千萬有零，清初以戰亂有所減少，但是到乾隆六年（即 1741 年），便達一萬萬四千餘萬，道光十五年便增至四萬萬以上。這樣的人口激增，雖然與版圖的擴大、田地的開闢，及賦稅的改變……都有關係，但是與明朝晚年輸入原產於美洲的番薯和玉蜀黍，恐關係更大……

▲ 番薯

　　講到中國引進番薯，也許你聽說過福建人陳振龍將番薯藤藏在纜繩裏帶回國，以及廣東吳川的林懷蘭從交趾（今越南）攜回番薯的傳說。不過在東莞虎門的北柵村，還流傳着陳益引種番薯的故事，它發生於明朝萬曆十年（1582 年），比萬曆二十一年（1593 年）陳振龍的故事更早，陳益因此得到了「引進番薯第一人」的稱號。番薯彌補了水稻小麥對土壤氣候要求高的問題，即使在貧瘠的山地也能種植，而且是種高產耐飢的作物。引種番薯，在中國的農業發展和人口增長方面都留下了不可磨滅的東莞印記。

　　據《鳳岡陳氏族譜》中陳益的傳記記載，陳益在明朝萬曆八年（1580 年）前往安南（即越南）。當地的酋長設宴款待一行人，席間陳益品嚐到味道甘美的番薯，就賄賂當地人得到了種子。當時安南禁止薯種出國，於是陳益想到一個好辦法，他購買了當地特產的手工藝品——銅鼓，將番薯藏進中空的鼓裏，躲開追捕回到國內。由於這種作物來自外國（番邦），因此得名「番薯」。

　　雖然帶回了番薯，但要怎麼種呢？陳益只能嘗試將番薯埋在花壇裏，不久，番薯長出了藤條，自由蔓延。一天陳家有個女僕不小心弄斷薯藤，她怕被責罵，隨手將斷

藤埋進土中，不料薯藤又長出新芽，還結了很多番薯，人們這才知道了番薯的種植技術。這之後，陳益在虎門金洲小捷山的祖墳附近購買 35 畝土地，大面積種植番薯並推廣，造福無數百姓。《東莞縣志》的物產篇，亦記載了這段故事。

陳益對引種番薯極為重視，《鳳岡陳氏族譜》記載，陳益在遺囑中要求後代每年要用番薯祭祀他，至今北柵村鳳岡陳氏掃墓祭祖，都會奉上紅皮番薯一對，寫明「紅薯一對，富勝千箱」[1]。1989 年，虎門金洲小捷山陳氏墓羣以及番薯地遺址，被列為東莞市文物保護單位。2019 年 4 月 19 日，陳益家族墓為省級文物保護單位，這體現出後人對這位引種番薯先驅的尊敬和懷念。

▲ 東莞展覽館前的陳益塑像

1　楊寶霖，《陳益引進番薯之文寫作的經過》，原載東莞市政協官方網站「東莞文史」欄目：
　　https://dgzx.dg.gov.cn/dgzx/dgws/202101/28fb5c03a4544388accb3573d05cc0fe.shtml

東莞自上世紀 70、80 年代起，幾十年之間起了翻天覆地的變化。它由南方典型的傳統農村和市鎮，一躍而成為全國工業化和現代化最前沿的地區，享譽國內外。

香港影響

地理上接近香港；特別是改革開放以來，莞籍港人熱心回鄉投資創業

現代東莞的發展緣於哪些因素？

交通

位於廣深高速公路中段，聯通高速公路網；水陸交通發達

甚麼是「三來一補」？

「三來一補」的「三來」是指來料加工、來件裝配、來樣加工，而「一補」是指補償貿易。20 世紀 70、80 年代。中華人民共和國（特別是廣東省）在改革開放初期為了引進外資，發展外向經濟，創立了這種企業合作貿易形式。

來料加工是指外商提供各式生產材料及設備，由承接方加工單位按外商的要求進行加工裝配，成品交外商銷售的業務。

來件裝配是指根據協定條件，由外商向內地廠商提供需要裝配的零部件、元器件，以及裝配所需的設備、技術、有關儀器，內地廠商裝配為成品以後交給外商的加工貿易形式。

來樣加工是外商提供樣品、圖紙、技術人員，內地廠商根據對方品質、樣式、款式、花色、規格、數量等要求，用自己的原材料生產，產品由外商銷售後按合同規定外匯價格收取貨款的貿易行為。

補償貿易是在信貸基礎上，內地廠商從國外廠商進口機器、設備、技術，以及某些原材料，約定在一定期限內，用產品或勞務等償還的貿易方式。

1978 年 7 月，東莞縣第二輕工業局設在虎門境內的太平服裝廠與港商合作創辦了內地第一家來料加工企業 —— 太平手袋廠，太平手袋廠可以說是最早參與「三來一補」的企業之一。

▲ 20 世紀 80 年代初
太平手袋廠的產品

▲ 東莞展覽館內太平手袋廠的場景模型

◀ 太平手袋廠資料照片（張永通　攝，選自《東莞市
虎門鎮志》，東莞市莞城圖書館提供）

東莞工業化歷程

　　與時俱進，是東莞經濟和社會發展
的特色。東莞四十多年的工業化進程亦
能體現出這一點。東莞的工業化進程，
主要可以劃分為三個階段。

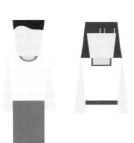

工廠為我們提供了
多種多樣的崗位！

改革開放初期：以三
資企業（僑資、外資、
合資）加工為主，迅
速發展出以服裝、家
具、燈飾、皮革的第
一代產業。

**20 世紀 80 年代末至 90
年代：**開始第二代電子
產業佈局。到了 90 年代
中後期，東莞已有數千
家 IT 企業落戶，年 GDP
增幅超過 20%。當地電
子裝配工業聞名世界。

97 金融危機後：第三
次產業轉型。東莞向
創造本地知名品牌，
自主孵化新產業基地
的方向發展。

「一網兩區三張牌」和「一核三帶十區」

由於經濟和產業的迅猛發展，東莞開始了以「一網兩區三張牌」為典範的全面現代化建設。

一網

建設高標準現代化的交通網，密切各街鎮與市中心聯繫，發展衛星城鎮。

兩區

城市新區：東莞的政治經濟文化中心。

松山湖高新技術產業開發區：產業升級核心，重點發展研發機構、電子信息、生物技術、裝備製造企業等最先進的產業。被評為「中國最具發展潛力的高新技術產業開發區」。

三張牌

城市牌

外資牌

民營牌

2021 年，東莞 GDP 達到 10855.35 億元，成為中國第 24 個 GDP 超過萬億元的城市。

現代的東莞，是粵港澳大灣區一個高新技術的中心了！

隨着粵港澳大灣區發展成為國家戰略。圍繞這個大戰略，東莞針對這個百年大計，提出新的「一核三帶十區」升級規劃。

一核：以松山湖為核心，構建高新區科技研發創新和高技術產業發展核心區

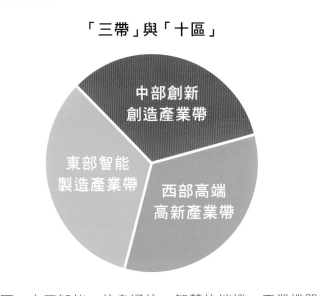

「三帶」與「十區」

中部創新
創造產業帶

東部智能
製造產業帶

西部高端
高新產業帶

十區：人工智能、信息通信、智慧終端機、工業機器人、高端智能製造裝備、先進材料產業、新能源汽車產業、高性能電池產業、生物醫藥產業、高端醫療器械產業集聚區

今日東莞名牌企業

步步高電子、OPPO 電子、vivo、華為終端、徐福記、真功夫等。

▼ 今日東莞市容

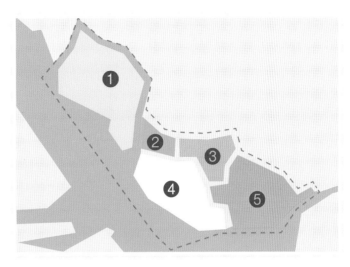

1. 威遠宜居智慧島
2. 新灣漁人碼頭
3. 濱海灣站 TOD 都市區
4. 沙角半島深水港
5. 交椅灣國際科技創新合作區

▲ 濱海灣新發展區示意圖

遊覽一座城市，免不了造訪當地的名勝古跡。東莞的歷史古跡可謂豐富多樣，精巧的嶺南園林、古韻悠遠的明清村落、展現歷史滄桑的城樓老街，在中國歷史上佔據重要地位的虎門砲台⋯⋯古跡的故事亦是人的故事，我們尋訪東莞古跡，了解東莞名人的故事，可以追憶歷史，感受文化。

02

遊名勝 尋名人

走走東正路

東莞是一座名人輩出，古跡遍地的縣邑。尤其在明清時期，這裏先後出現了一批批名家大儒，其教育文化「秀甲嶺南」。梁啟超曾從人才地理的方面，提出黃河流域、揚子江流域、珠江流域的三個時期説，認為清中葉以後，人才是以珠江流域為中心，

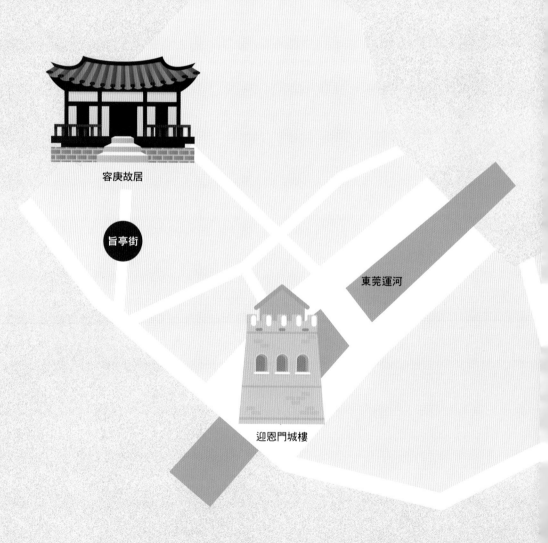

容庚故居

旨亭街

東莞運河

迎恩門城樓

並影響了中國的走向。同時，東莞還是一座「文武兼備」的城市，歷代的英雄名人，在中國歷史上為其留下豪邁的一筆。

就讓我們漫步於東莞的街巷村鎮，訪古尋勝，聽一聽來自昔日時光的故事。

縣後坊

鄧氏故居

陳伯陶故居

榜眼坊

東正路

東正路

　　東正路從明朝洪武年間擴建東莞城開始就已經存在，原是一條 4 米寬的麻石路，因正對着東門城樓而得名。在上世紀 50 年代末，擴建成了 12 米寬的水泥路。

　　東正路的北邊在明末清初，有東莞富紳李作楫建了 18 棟同一式樣和規格的房屋，形成了 19 條小巷。縱橫交錯成「井」字的一條條小巷，寬度僅可容兩人並排通行。兩邊的房子，儘管多已改建，但式樣、格局都仍保存舊貌。

　　東莞具有深厚的文化傳統,這些小巷幾百年來洋溢着書香。僅僅在明代,東莞就曾出現 18 個三代之內至少產生兩個以上舉人的「科舉家族」。 88 科會試和殿試中,東莞舉子在 39 科共考中進士 76 名。東莞在廣東州、縣中,中進士數量僅次於南海(146 名)、番禺(96 名)、順德(85 名)三縣,排名第四。官階四品以上的達到 64 人。這些都可以反映東莞當時的科舉實力、文化實力[1]。明朝劉存業弘治三年(1490 年)高中榜眼,在東正街一帶修建高大漂亮的「榜眼牌坊」(今已不存),因此這片社區也被稱為「榜眼坊」。到了清朝,坊內的陳伯陶再中探花。

1　郭培貴,〈明代東莞地區的科舉羣體及其歷史貢獻〉,《暨南大學學報》2008 年第 6 期,第 116 ～ 125 頁。

迎恩門城樓

唐至德二年（757年），東莞縣治遷移到今天的東莞位置，並建西城門。後代屢有重建。明洪武十七年（1384年），改原來城門的磚構建築為石砌，成為今日看到的式樣。

因古代由廣州城到東莞城宣旨的朝廷官員，多是由西邊水路過來的，所以古代東莞縣城的西門名「迎恩」，意即「奉迎聖恩」。這座建成時間比北京天安門城樓更古老的古城樓，是東莞古城歷史文化的象徵。

▲ 迎恩門城樓

老街坊住着誰？

陳伯陶故居

東正路橫巷24、26號是昔日一位探花的宅院。這位探花就是和香港淵源甚深的陳伯陶（1855～1930）。

1892年，陳伯陶以廣東鄉試第一名（解元）的成績赴京參加會試，考取進士身份。隨後在殿試中獲得一甲第三名（探花），開始出仕為官。他先後出任雲南、貴州、山東鄉試副考官。義和團運動和八國聯軍侵華事件結束後，他隨帝后還京，入職南書房，後被派往日本考察學務，歸國後出任江寧提學使。他還協助當時的兩江總督端方創辦學習外國語文的方言學堂和暨南學堂（暨南大學的前身），其後再任江寧布政使和廣東省教育總會長。

辛亥革命後，陳伯陶遷居香港九龍。此後潛心著述。以清朝遺老自居，自號「九龍真逸」。

陳伯陶書法工整，以楷體見長。著有《孝經説》，《勝朝粵東遺民錄》4卷，《宋東莞遺民錄》2卷，《明季東莞五忠傳》2卷，《袁督師遺稿》3卷，《增補羅浮山志》5卷，《東莞縣志》98卷附《沙田志》4卷，《瓜廬文剩》4卷和《瓜廬詩剩》4卷等。尤以《勝朝粵東遺民錄》和他主編的《東莞縣志》最有價值。《東莞縣志》是他在香港完成的，歷時六年，是一部史志學界評價較高的縣誌。

▲ 東莞展覽館展出的陳伯陶像

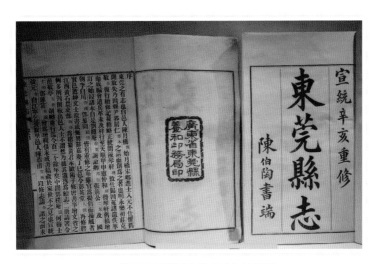

▲ 陳伯陶編撰《東莞縣志》的書影

香港的「瓜廬」與學海書樓

辛亥革命以後陳伯陶移居香港，先後住在紅磡和九龍官富場。他將書齋取號「瓜廬」，以秦末東陵侯賣瓜的典故，表達自己的志向。在香港隱居二十年間，陳伯陶最大的貢獻就是與賴際熙等人創立學海書樓，開壇講經，傳揚國粹，倡施義學，以提倡振興當時受到較少關注的國學。1963年，學海書樓需拆建，書樓遂把全部藏書借存於香港大會堂圖書館，2001年，學海書樓的特藏書籍再遷藏至香港中央圖書館，繼續供讀者參閱。2014年起，讀者可在香港中央圖書館的系統中，瀏覽其中得到授權的電子化資料。

榜眼坊

　　沿着東正路繼續向前走，便可到達「榜眼坊」。它因住在這裏的劉存業考中了明朝弘治三年的榜眼而得名。劉存業曾為家鄉編修過《東莞縣志》十五卷。

　　清末，榜眼坊一帶成為鄧姓族人的聚居之地，以前的莞城人也稱這裏為「南街鄧」。南街鄧氏名人不少，其中一代著名文人鄧爾雅（1884～1954）的祖屋就在這裏。鄧爾雅出生在北京，祖籍是東莞莞城。本名溥霖，字季雨，別稱爾雅。鄧爾雅的父親鄧蓉鏡是同治十年的進士，官至江西按察使，歸田後執掌「廣雅書院」。鄧蓉鏡精小學，富收藏，亦精通篆刻。鄧爾雅自小在家風熏陶下，鍾情專志於藝術，也深於六書之學，著有《文字源流》，手稿捐贈香港藝術館。

　　鄧爾雅先是入讀廣雅書院，1905年東渡日本學美術，28歲自日本回國，終於創出自己的篆刻風格。他把書法、畫與篆刻融合在一起，融畫法入印，書與印互相滲透，所刻之印，鋒銳挺勁，妍美光潔，於平正中變化萬端。晚年鄧爾雅喜歡參用六朝碑文字入印，印章風格清麗恬淡，剛勁雋永。鄧爾雅一生所篆刻的印章數以萬計。著名學者容庚先生評價說「吾粵三百年來，無此作矣」。

　　鄧爾雅培還養了一批廣東的篆刻名家，其外甥容庚、容肇祖、容肇新，以及姪子鄧祖傑於藝林中亦有印名。鄧家後人受其影響，也多與篆刻結緣。鄧爾雅能詩，他的詩如他的書法篆刻一樣，雋永有味，古樸清新，有《綠綺園詩集》存世。

鄧爾雅先生與香港

　　綠綺園是鄧先生1922年到香港後在大埔所建的居所。因鄧先生在園中收藏唐武德二年（619年）的名琴「綠綺」而得名。

　　在香港，鄧先生亦留下不少詩作，描繪香港本地的風物與人文，比如以下這兩首《香港雜詩》：

　　　　香爐魚市接漁家，景物年年有歲差。
　　　　依舊入春開躑躅，因風斂冉向西斜。

　　　　市塵熱鬧為誰忙，輒得市民盡飲狂。
　　　　分賃樓頭特角小，蟲蟲甜蜜戀蜂房。

▲《鄧爾雅詩稿》書影

旨亭街

　　旨亭街 8 巷有一座三進「三間兩廊」式清代民居，它就是容庚的故居。這座故居極力還原了當年的場景，讓到訪遊客清楚感受到書香門第，家學淵源的氛圍。這座古宅中走出了數位嶺南名士：容庚先生的祖父容鶴齡同治元年中進士，父親容作恭是光緒年間的貢生，藏書萬卷；族叔容祖椿師從晚清嶺南畫派鼻祖居廉，成為畫壇名家；三弟容肇祖為我國著名的哲學史研究專家和民俗學家，所著《明代思想史》被學界譽為「里程碑式著作，斷代哲學史的典範」。容庚本人更是著名的古文字學家、考古學家、收藏家、書法家，在學術領域擁有崇高的地位。

　　容庚（1894～1983）出生在東莞的名門望族，原名容肇庚，字希白，號頌齋。受家庭的環境熏陶，幼年時跟隨舅舅鄧爾雅學習篆刻與古文字，1922 年北上求學，入北京大學研究所國學門讀研究生。

　　1925 年容庚撰成《金文編》，這是繼《說文古籀補》之後，在編纂體例和方法上有新突破的第一部金文大字典，深得學術界的推崇，至今仍是很多古文字工作者案頭的必備之書。被王國維讚譽為「今世弱冠治古文字學者，余所見得四人焉」之一。

▲ 容庚故居內的青年容庚先生像

容庚曾任燕京大學教授，《燕京學報》主編。同時兼任北平古物陳列所鑒定委員。他著作豐富，先後編印了《寶蘊樓彝器圖錄》、《武英殿彝器圖錄》、《海外吉金圖錄》等，他的《商周彝器通考》是一部開創性的巨著，是青銅器的研究從舊式的金石學邁向近代考古學的新里程碑。

抗日戰爭結束後，容庚先生舉家南歸，先後在嶺南大學、中山大學任教。他後期主要著作有《記竹譜十四種》、《倪瓚畫之著錄及其偽作》、《伏廬書畫錄》、《漢梁武祠畫像錄》等，成就卓著，嘉惠學林。

先生晚年時將歷年所得的大批青銅器，包括唯一存世的金書《欒書缶》等獻於國家。隨後又將包括宋人《雲山圖》及祝枝山、倪元璐等人的名畫古玩捐獻給國家。中山大學圖書館藏有先生捐獻的一萬多冊古文字、金石、考古、書畫方面的書籍，許多是難得的拓本和罕見的珍品。

1983 年，容庚先生去世。家鄉東莞在嶺南四大園林之一的東莞可園設「容庚與東莞」主題系列展覽，展出先生舊藏銅器全形拓片展和東莞收藏的容庚文物供人緬懷。

▲ 容庚故居內部

▲ 東莞展覽館前矗立的容庚先生像

▲《容庚容肇祖學記》書影

縣後坊

　　榜眼坊的北面是縣後坊，居住着另一支莞城望族「縣後李」。他們代有名人出，心懷故鄉，為國家、為東莞作出很大的貢獻。明萬曆四年李元弼中舉，在任時勸農、備倉、修學、設教，頗有建樹。明末李覺斯天啟五年考中進士，任職刑部尚書，在崇禎三年為袁崇煥鳴不平，是為袁崇煥申冤的第一人。到了清代，一代名醫李槐芬是最早將專治瘧疾的西藥奎寧引入本地的人。他還親自嫁接成功「白糖單核黃皮」，成為東莞一最。

　　到了近代，「縣後李」更是成為愛國愛鄉的佼佼者。李章達（1890～1953），學生時參加武昌起義，隨後一直跟隨孫中山開展各種工作，歷任孫中山警衛團團長、大元帥府參軍等職務。1924 年中國國民黨改組後，隨廖仲愷辦理黨務。在盧溝橋事變前就已組織全國各界救國會華南區總部，從事抗日救亡活動。抗日戰爭爆發後他隨第十九路軍赴上海，在十九路軍「一·二八」淞滬抗戰中，協助蔣光鼐將軍籌劃抗擊日軍。1936 年，李章達等還在香港成立「全國各界救國會華南區總部」，支援抗日。數年後，李章達將軍參與籌組了中國民主政團同盟（民盟的前身）和創辦《光明日報》。1949 年新中國成立後，任廣東省人民政府副主席、廣東省政協副主席、廣州市副市長。

登上金鰲洲塔

金鰲洲塔位於東莞市莞城西南 1 公里處的萬江橋畔。始建於明朝萬曆二十五年（1597 年），歷時 27 年建成，經歷過清朝重修，迄今已有 400 多年的歷史，為「東莞文物八景」之一。金鰲洲塔以紅石為基，整體以青磚砌成。塔共十層，八角形，高四五十米，塔頂有銅葫蘆。金鰲洲塔下有金鰲洲主題公園，介紹金鰲洲與萬江的地理歷史與人文風貌，還設有諸多遊樂設施。

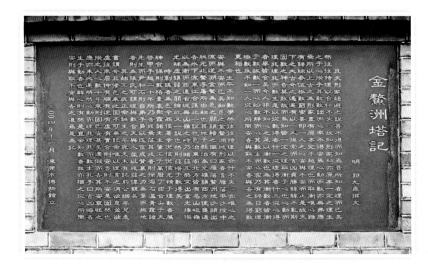

◀《金鰲洲塔記》碑文

登上塔頂看一看，為何建造這座塔？

中國式的塔是受佛教傳入影響，結合本地建築特色出現的一種建築形式。佛教源於印度，那裏的「塔」被稱為「窣堵坡／浮屠」（Stupa），主要用於保存舍利或者舉行儀式。這種建築形式傳入中國以後，在外形和用途上都產生了非常大的變化。中國塔主要有以下幾種用途：第一，點綴山河，供遊人登高望遠；第二，供軍人瞭望敵情，防禦射擊；第三，設立在港口碼頭或水流轉折處，為船隻導航；第四，從堪輿風水的角度鎮壓水旱災害，繁榮本地文風。傳說金鰲洲塔的建造是為了「以培風氣，亦堪輿家所宜」，因此它是一座風水塔，主要發揮上述的第四種作用。

明代是廣東地區建風水塔最多的時期，也是建塔工藝發展至最成熟時期，萬曆年間達到了頂峰。金鰲洲塔作為明代東莞地區的風水寶塔，具備嶺南明塔共同的特徵：一，磚仿木樓閣式塔；二，八角，中空腔，壁實厚；三，用石灰砂和磚石砌築；四，高大，比例勻稱，造型成熟。金鰲洲塔作為研究古人風水理論的實例，是研究嶺南明代風水塔的重要實物資料，具有極高的歷史價值和藝術價值。

▶ 金鰲洲塔

名園「可」怡情 —— 東莞遊園記

　　中式園林是我國寶貴的歷史文化遺產，距今已有約三千年歷史。它秉承「雖由人作，宛自天開」的原則，凝聚着古人對天地自然的理解，展現園林主人的文化修養與審美意趣，彰顯工匠在雕刻、繪畫、動植物培育、建築規劃設計等方面的高超水平，於世界園林中亦是獨樹一幟。中國傳統造園藝術主要分為三大流派：北方園林、江南園林和嶺南園林。東莞的園林屬於嶺南園林，在粵港澳大灣區的諸多著名園林中，它們有甚麼特別之處呢？一起去看一看吧！

◀ 可園

▼ 可園平面圖

❶ 正門
❷ 草草草堂
❸ 擘紅小榭
❹ 環碧廊
❺ 可軒、邀山閣、綠綺樓
❻ 雙清室
❼ 曲池
❽ 同花小院
❾ 壺中天
❿ 後花園
⓫ 可堂
⓬ 可亭
⓭ 拜月亭、獅子山
⓮ 滋樹台

可園

　　可園坐落於東莞市城西博廈村。它始建於清朝道光三十年（1850年），佔地面積2200平方米，是全國重點文物保護單位，嶺南園林的代表，為廣東四大名園（順德清暉園、番禺餘蔭山房、佛山梁園、東莞可園）當中保留得最好的一個。可園特點是面積小、設計精巧。設計者利用方寸之地，把住宅、客廳、別墅、庭院、花圃、書齋藝術地糅合在一起，呈現出嶺南地區「順其自然，改善自然」的園林藝術。可園的建築是木石、青磚結構的，整體佈局高低錯落，處處相通，曲折迴環。全園共有一樓、六閣、五亭、六台、五池、三橋、十九廳、十五房，通過130餘道式樣不同的門及遊廊、走道聯成一體，加上清雅精緻的擺設雕飾，精妙自然的花木山石佈置，可謂步步景觀，被人讚為「可羨人間福地」。

　　可園內設有專題性博物館，收藏、研究、展示嶺南古典園林建築、「二居」（居巢和居廉）及嶺南畫派文物，傳播嶺南建築文化和嶺南畫派藝術。遊客在欣賞嶺南園林風貌的同時，還可了解嶺南獨特的建築文化及嶺南畫派藝術，感受當年文人墨客的風雅。

▼ 可園正門

誰是可園的主人？

張敬修（1824～1864），字德圃，亦作德父，廣東東莞縣莞城鎮博廈人。官至江西按察使署理布政使，罷官還鄉後建造可園。他精通詩詞歌賦，金石書畫，是個風雅好客的人，經常在園中召開雅集。

▲ 可園內的張敬修銅像

▲ 張敬修扇面畫作兩幅（選自東莞市政協出版《東莞歷代書畫選》，東莞市莞城圖書館提供）

「二居」以及嶺南畫派

「二居」指的是清代晚期著名的嶺南畫家居巢（1811～1889，亦有說法為 1865）、居廉（1828～1904）兄弟。居巢、居廉作為張敬修的幕僚，在可園客居十年，創造了沒骨、撞水、撞粉技法繪製花鳥畫。「二居」的作品山水秀麗，花鳥鮮活，荔枝、龍眼、香蕉等嶺南果品，以及本地昆蟲，人物風俗，均是他們繪畫的題材。他們的作品在清晚期就已經聞名遐邇，居廉曾為慈禧太后壽辰繪製畫屏，他們的作品亦被故宮博物院、廣東省博物館等博物館，以及眾多藏家收藏。居巢、居廉的藝術成就，吸引高劍父、高奇峰、陳樹人前來學藝，後來「二高一陳」開創了 20 世紀主宰中國畫壇的三大畫派之一 ——「折衷中西、融匯古今」的嶺南畫派，可園成為嶺南畫派重要策源地之一。

▲ 香港集古齋收藏的居廉作品

可園詩文

可樓記
張敬修〔清代〕

居不幽者，志不廣，覽不遠者，懷不暢。吾營可園，自喜頗得幽致。然游目不騁，蓋園於園，園之外，不可得而有也。既思建樓，而窘於邊幅，乃加樓於可堂之上，亦名曰可樓。樓成，置酒落之。則凡遠近諸山，若黃旗、蓮花、南香、羅浮，以及支延蔓衍者，莫不奔赴，環立於煙樹出沒之中，沙鳥江帆，去來於筆硯几席之上。勞勞萬象，咸娛靜觀，莫得遁隱。蓋至是，則山河大地，舉可私而有之。蘇子曰：「萬物皆備於我矣。」慚愧，慚愧，今日享此，能不靦顏？因書此記於螺區，以博座客之一粲云。

可園
居巢〔清代〕

水流雲自還，適意偶成築。
拼償百萬錢，買鄰依水竹。

可堂
居巢〔清代〕

新堂成負郭，水木恰幽偏。
未妨絲與竹，陶寫未中年。

邀山閣
居巢〔清代〕

蕩胸溟渤遠，拍手羣山迎。
未覺下土喧，大笑蒼蠅聲。

問花小院
居巢〔清代〕

問花能解語，但願惜韶華。
莫似平章宅，花時不在家。

湛明橋
居巢〔清代〕

一曲蓄煙波，風荷便成賞。
小橋如野航，恰受人三兩。

擘紅小榭記
張敬修〔清代〕

粵荔之美，咸推為果中第一，嶺以北，未易知之。蓋色香味少遲則變，況遠道乎？是以粵人論園買，夏多就樹啖之。可園既羅致佳品，雜植成林，乃為榭於樹間，以待過客，欲使色香味俱無遺憾，庶不虛作嶺南人也。

（東莞是荔枝之鄉，當年可園的擘紅小榭亦栽有荔枝。「擘」是「掰」的意思，「紅」則指成熟的荔枝。夏日可園荔枝成熟時，張敬修和朋友常在擘紅小榭聚會，吃荔枝，賞美景，吟詩作畫。居巢有詩云：「一夏名園住，十年種樹遲，頻歌摘得新，差免此腹負。」）

◀ 居氏兄弟雕像

名垂青史的東莞人

　　東莞是一座歷史悠久，富有書香雅韻的文化之城。但同時它也是一座英雄輩出的城市，東莞的英雄們，在中國歷史上留下了無數可歌可泣的事跡。

▲ 東莞名人地圖

明代嶺南先賢第一人 —— 何真

　　何真（1321～1388），字邦佐，號羅山，元末明初東莞茶山人。八歲喪父，自幼受母葉氏嚴格教導，史傳「少英偉，好書劍」。當時正值中原兵荒馬亂，波及嶺南，何真遂組織地方武裝平定叛亂、保境安民，後逐漸控制了西起蒼梧、東連潮惠的大部分地區，成為嶺南一代英豪。何真從來不貪戀仕途，也無意割據稱王，明洪武元年，朱元璋派兵收取廣東，何真奉表以降，使嶺南百姓免遭兵災之禍。因為這一功勞，何

▲ 東莞展覽館外何真塑像

真被敕封為「東莞伯」，得到明太祖賜詔書褒獎，並賜食祿一千五百石，祿及後世，給予鐵製符券以作憑證。此後何真和其子何貴還擔任了傅友德、沐英、藍玉三位大將的開路先鋒和後勤部長，隨明軍征討雲南。

洪武二十一年（1388 年）三月，何真去世，朱元璋親寫祭文致悼，在朝百官素服三日，以侯禮葬京師，贈侯爵，諡「忠靖」。何真被後世稱為大明開國元勳之一，明代嶺南先賢第一人。

掃描 QR CODE
訪問東莞博物館，鑑賞「永樂第一科進士、都御史章」雙面石印

重臣羅亨信

羅亨信（1377～1457），字用實，號樂素，廣東東莞篁村人，明代名臣，永樂二年進士。在國家危難之際，他鎮守西北邊疆多年，垂老之時仍掛帥出征，抵抗外族入侵，皇帝特給予「賜俸榮歸」的殊榮。羅亨信長期戍守邊塞，被譽為明代廣東戍邊六才子之一。他任勞任怨，直至七十多歲高齡才辭官返鄉，生平事跡列入《明史》卷一百七十二。羅亨信著有《覺非集》，書中記述的親見親聞篇章，有助於研究明代的邊防、發掘、研究塞北的古跡，以及東莞乃至廣東的歷史。今天東莞博物館收藏有一枚「永樂第一科進士、都御史章」雙面石印，它出土於東莞麻地嶺羅亨信墓。這枚羅亨信兩面印也是現存東莞最早的文人印章實物，具有非常重要的藝術價值和史料價值。

▲ 東莞展覽館外羅亨信塑像

▲ 琉花寺

榴花塔與榴花村的故事

　　東莞市有一座佔地面積三十餘公頃的榴花公園，它是廣東省東莞市重點文物保護單位，也是紀念東莞英雄熊飛將軍抗擊元軍的文化生態園林。園內有一座古剎琉花寺，前身是匯聚嶺南園林建築風格的園林匯芳園，內有將軍祠，供奉關公、熊飛將軍和袁崇煥將軍的銅像。

榴花塔位於東莞市東城區峽口村南銅嶺山巔上，塔旁就是宋朝義士熊飛故里榴花村，故名榴花塔。榴花塔始建於明萬曆年間（1573～1620），距今已有四百多年歷史。塔呈八面七層，屬樓閣式磚塔，高30米，以紅石為基，青磚灰沙砌築，圓錐形的塔身在七層的每一個平面上挑起八個尖角，好像張翅欲飛的大鵬矗立在銅嶺之巔。

熊飛（？～1276），東莞峽口榴花村人，是一位武藝出眾，又有軍事才能的人。1276年春天，南宋王朝的都城臨安被元軍攻陷，宋朝形勢危如累卵。熊飛以布衣身份在東莞銅嶺榴花村起兵勤王抗元。同年九月，元兵進犯東莞，熊飛率領軍民與元兵大戰於銅嶺，元軍大敗，熊飛乘勝出擊，會同廣東制置使趙溍、新會縣令曾逢龍，合兵收復廣州、新會等地。後熊飛率領義軍北上抗元，在韶關被元兵圍困，熊飛所部與元軍展開激戰，終因寡不敵眾，於兵潰之際投水自盡，壯烈殉國。

熊飛殉難後，東莞人民敬仰他的民族氣節，把他的衣冠與亡妻李氏合葬在東莞銅嶺榴花新圍後面山崗下的熊氏墓地。

▲ 榴花塔

▲ 熊飛墓（位於東莞市榴花東街新苑路與榴花南路交叉口）

詩詞欣賞

榴花村弔宋義士熊將軍飛　其一
屈大均〔明代〕

東官自是英雄地，熊氏將軍首建威。血濺單于邊草濕，魂隨少帝海天飛。
花溪陰雨聞金鼓，玉嶠春風長蕨薇。一片戰場當縣出，至今人士重無衣。

榴花村吊宋義士熊將軍飛　其二
屈大均〔明代〕

書生此日思酣戰，男子繇來舉大名。不是將軍起銅柱，誰令丞相有金城。
十年縞素君王淚，一片壺漿士女情。血染榴花紅不盡，溪流時作斷腸聲。

　　屈大均（1630～1696），廣東廣州府番禺縣（今廣州市番禺區）人。明末清初著名學者、詩人，與陳恭尹、梁佩蘭並稱「嶺南三大家」，有「廣東徐霞客」的美稱。屈大均的前半生致力於反清運動，康熙二十二年（1683），鄭成功之孫鄭克塽降清，屈大均大失所望，即由南京攜家眷歸番禺，終不復出，著述講學，移志於對廣東文獻、方物、掌故的收集和編纂。屈大均為言志，棄傳統的「嶺南」稱謂而不用，採用「廣東」作書名，著有《廣東文集》、《廣東文選》、《廣東新語》等作品。其中，《廣東新語》一書為屈大均的傳世之作。

題粵中遺跡畫　其二　榴花塔
丘逢甲〔清代〕

蛟奮龍拿石上文，天留此塔表將軍。
江山不改亭亭影，落日空村鵑叫雲。

丘逢甲（1864～1912），祖籍廣東蕉嶺，同治三年（1864年）生於台灣彰化。晚清愛國詩人、教育家、抗日保台志士。

布衣勤王之家與東莞理學

　　熊飛以其「布衣勤王」的壯舉為後人所銘記，但殊不知他的英雄事跡，與南宋末年東莞理學的發展亦有聯繫呢！1276 年，文天祥率軍經過江西，熊飛領兵前去接應。熊飛的岳父李用一直鼓勵女婿進行抗元鬥爭。熊飛出發前，李用的長子李春叟為其送行，並送上一首《送熊飛將軍赴丞相麾下》，抒發了他們父子和熊飛共同的報國心聲：

> 龍泉出匣鬼神驚，獵獵霜風送客程。白髮垂堂千里別，丹心報國一身輕。
> 劃開雲路沖牛斗，挽落天河洗甲兵。馬革裹屍真壯士，陽關莫作斷腸聲。

　　那麼李用是甚麼人呢？他是出身於東莞白馬鄉的南宋著名理學家，著有《論語解》和《竹隱集》。他學養深厚，許多人拜其為師。李用專注學術和講授，無心追求高官厚祿，南宋理宗皇帝因此手書「竹隱精舍」匾額，作為李用隱居東莞的房屋之名。就在熊飛抗元的同一年，李用在部分南宋遺民希望獲得海外支援，且不願生活在元朝統治的情況下，隻身乘船前往日本。當時日本博多已經有被稱為「宋人百堂」的華僑社區，李用抵達當地以後設館辦學，以儒學詩書教授日本弟子，被尊稱夫子。[1] 他亦是廣東有具體史實姓名記載的最早一批日本華僑，他去世後，日本弟子送其靈柩歸鄉，東莞因此仍有送葬時鼓吹具有日本風格的「過洋樂」風俗，在中國華僑史上亦是值得記錄的一筆。李用的長子李春叟留在家鄉，同樣以教授儒學為生，為東莞，乃至嶺南的儒學發展做出了重要貢獻。

▲ 李用像

榴花塔阻擊戰 ——「老模初戰東江畔，榴花塔下顯忠魂」

　　抗日戰爭期間華南地區一直是重要戰場，著名的東江縱隊就經常在東莞、惠州、寶安等地活躍。八十多年前由東江縱隊領導的壯烈的「榴花塔阻擊戰」（也稱「榴花戰鬥」）就發生在寶塔下的東江畔。1938 年 10 月，日本侵略者發動了入侵華南的軍事行動，12 日在大亞灣登陸，為阻止侵華日軍渡河向東莞進攻，東莞 200 多名戰士在榴花、峽口、西湖、京山一線設防，阻擊、堅守 1 個月之久，打退了日軍的一次次進攻。

　　榴花阻擊戰是日軍登陸華南以後，中國共產黨領導東莞人民抗日武裝對入侵日軍進行的一次有組織的抵抗，它打響了東莞人民抗戰第一槍，書寫了東江縱隊抗戰歷史上光輝的一頁。

1　羅晃潮，〈宋末東莞學者李用東渡日本傳播理學事略〉，《嶺南文史》2003 年第 3 期，第 75 ～ 79 頁。

袁崇煥紀念園

袁崇煥紀念園位於袁崇煥的出生地東莞市石碣鎮水南村，佔地 11 萬平方米，主要是為紀念這位從東莞出生的民族英雄，以收藏、研究、展示袁崇煥相關歷史文物，弘揚袁崇煥愛國精神而修建的專題性博物館。園內現有牌坊、袁崇煥石雕像、袁督師祠、袁崇煥傳記浮雕、故居、衣冠塚、三界廟等景點，全方位地展現了袁崇煥偉大而悲壯的一生。作為國內首個向大眾系統性展示袁崇煥生平事跡的文博單位，紀念園彰顯了袁崇煥崇高的精神品德，弘揚了中華民族的傳統文化，是東莞重要的愛國主義教育基地和旅遊勝地。

袁崇煥（1584～1630），明末薊遼督師，抗清名將。袁崇煥在萬曆四十七年（1619年）高中進士，之後得到孫承宗的賞識和器重，隨其鎮守遼東。在抗擊後金（清朝）的戰爭中取得多次勝利，天啟六年（1626年）取得寧遠大捷，天啟七年（1627年）取得寧錦大捷，崇禎二年（1629年）擊退皇太極，解京師之圍。崇禎三年（1630年）由於遭到魏忠賢餘黨彈劾，再加上清太宗皇太極的反間計，袁崇煥受到崇禎帝猜忌而被凌遲處死。

袁崇煥被處死後，部下佘姓義士，冒着滿門抄斬的風險，趁夜將袁崇煥屍首偷出，埋在北京廣渠門內人稱廣東義

▲ 東莞展覽館前袁崇煥塑像

園的自家院內，並立下「不能為官，不能回廣東老家，輩輩守墓」的祖訓。自此佘家世代「冒死守忠魂」。佘義士死後，葬於袁崇煥墓旁，佘氏後人遵其遺囑，世代為袁崇煥守墓，至今已傳十七代近400年。清代乾隆在重修明史期間，翻閱了大量內部案卷，深覺袁崇煥忠義可嘉，在袁蒙冤遭磔152年後的乾隆四十七年（1782年）下詔尋訪其遺骸，為袁崇煥在北京修建了陵墓。

近代學者梁啟超曾高度評價袁崇煥，「若夫以一身之言動、進退、生死，關係國家之安危、民族之隆替者，於古未始有之。有之，則袁督師其人也。」袁崇煥作為明末傑出的軍事家、愛國將領和著名的民族英雄將永垂青史。

▲ 寧遠（今遼寧興城古城）薊遼都督府

▲ 香港著名作家金庸先生對袁崇煥推崇
備至，將小說《碧血劍》的主人公設
定為袁崇煥的兒子。他為袁崇煥紀念
園親筆題寫了「崇煥故園」，後雕刻在
紀念園大門前的巨石上

▲ 袁崇煥紀念園

▲ 袁崇煥像

▲ 遼寧興城古城明清
遼東戰史館袁崇煥
手書石碑

▲ 北京袁崇煥墓

▲ 袁崇煥故居大門

▲ 袁崇煥故居內部

▼ 袁崇煥紀念園內景

禮屏公祠與慈善家盧禮屏

▲ 盧禮屏像

　　在虎門村頭村，有一座禮屏公祠，它是虎門目前保存最完好、規模最大的清代祠堂。它建於光緒二十三年（1897 年），建築為廣東地區常見的祠堂樣式，內部是兩路四進，中有青雲巷的佈局形制。公祠整體由青磚砌成，設計質樸大方，正門懸掛對聯：「不以榮華曜鄉里，常將道德養祥和。」這座建築紀念的是一位虎門本地的愛國商人兼慈善家盧禮屏，他的事跡流傳至今，並廣泛影響香港社會。

　　盧賡揚（1829 ～ 1884），號禮屏，又名盧根。他幼時家庭赤貧，成年後漂泊至美國舊金山淘金，從而發家。盧禮屏回鄉後，將賺到的錢財廣置田地，興建祠堂，修葺祖墳，在廣州、東莞等地購置房產，還捐款給同鄉士紳蔣理祥（即抗日名將蔣光鼐祖父）興辦溥善堂、育嬰堂等慈善機構。之後盧禮屏前往香港，開辦儀安號金鋪經營珠寶首飾，有感於在港華商生存艱難，飽受洋行欺壓的狀況，他和商業同仁創辦南北商行公所，作為香港各行業華商集會辦公場所，為提高華商地位，增強經濟話語權做出了貢獻。

盧禮屏因熱心社會公益事業，被推薦為華人捐資的首間華人慈善醫院 —— 香港東華醫院同治十三年（1874 年／甲戌年）的總理之一[1]。東華醫院是如今香港歷史最悠久，規模最大的慈善機構東華三院（Tung Wah Group of Hospitals）的前身，東華三院由三間香港本地華人建立的醫院於 1931 年組成，包括東華醫院（1870 年）、廣華醫院（1911 年）及東華東院（1929 年）。如今，東華三院貫徹「救病拯危、安老復康、興學育才、扶幼導青」的使命，共有三百六十餘個服務單位，涉及中西醫療衛生、安老、青少年及家庭、復康及社會企業／創新社會服務、殯儀、廟祀及義莊服務等社會生活的多個方面。

　　1878 年 11 月 8 日，鑒於當時香港誘拐婦孺、販賣人口的情況時有發生，盧禮屏與馮普熙、施笙階、謝達盛等商人聯名上書時任港督軒尼詩爵士，以「保赤安良」為宗旨，請求成立保良局，懲處拐賣犯罪，救濟流浪貧困人羣。保良局於 1882 年成立，盧禮屏任首屆總理。如今保良局已經成為香港歷史悠久，規模龐大的慈善機構之一，服務囊括安老、教育、家庭事務等，11 月 8 日也成為保良局的創局紀念日。

▲ 東華三院徽章

▲ 香港保良局局徽

登陸東華三院官方網站，了解更多機構信息

登陸香港保良局官方網站，了解更多機構信息

1　東華三院文物館，《東華醫院 1885 年度徵信錄》，見：http://www.twmarchives.hk/zhengxinlu_detail.php?uid=18&sid=1&contentlang=tc&lang=tc

▲ 蔣光鼐故居荔蔭園

蔣光鼐與荔蔭園

　　東莞市虎門鎮南柵社區三蔣村新基二巷 1 號，是一位近現代東莞英雄人物——抗日愛國將領蔣光鼐將軍出生並度過少年時光的地方。清道光年間，蔣光鼐祖父蔣理祥創建「荔蔭園」，園中廣植荔枝。1930 年蔣光鼐又在園中建了一座造型典雅的西式建築「紅荔山房」。庭園佔地面積 1258 平方米，建築佔地地面積 223 平方米，為前廊後室佈局。1932 年淞滬抗戰後，蔣光鼐回到虎門，在此居住。園內果樹遮蔽，難得一片清涼。

▲ 蔣光鼐像

　　故居設有蔣光鼐生平事跡展覽，讓參觀者全面了解蔣將軍經歷的歷史大事件，感受將軍赤誠無私的愛國情懷。2019 年 10 月 16 日，蔣光鼐故居荔蔭園被國務院公佈為第八批全國重點文物保護單位。

　　蔣光鼐（1888 ～ 1967）東莞虎門南柵人，是傑出的愛國民主人士、功勳卓著的抗日名將、新中國首位紡織工業部部長。

　　自保定軍校畢業後，蔣光鼐將軍戎馬數十年，在東征北伐中屢立戰功。1932 年，日軍進犯上海，值此危機關頭，時任國民革命軍第十九路軍總指揮的蔣光鼐，率

部在淞滬地區奮勇抵抗，令日軍數次增兵、數易主帥而不勝，迫使日軍停戰，極大遏制了日軍的侵略野心和囂張氣焰。

蔣光鼐將軍是從東莞走出的民族英雄，是東莞人民的驕傲，更是中國人民的驕傲。他赤誠無私的愛國情懷，不屈不撓的民族氣節，會激勵着一代代的後輩不忘國恥，為國家的富強、民族的崛起而奮勇前進。

▲ 蔣光鼐故居內景

◀ 荔蔭園內紅荔山房

大嶺山東江縱隊抗日根據地及東江縱隊紀念館

　　廣東東江縱隊紀念館位於廣東省東莞市大嶺山鎮大王嶺村，包括大嶺山抗日根據地舊址和東江縱隊主題展覽兩部分，是展示廣東人民抗日游擊隊東江縱隊歷史的專題紀念館，入選國家級抗戰紀念設施、遺址名錄。該館由建築設計大師齊康院士主持設計，於 2005 年 9 月世界反法西斯戰爭和中國人民抗日戰爭勝利 60 週年之際建成開放，是華南地區規模最大、設置水平最高的抗日戰爭類博物館。

▲ 廣東東江縱隊紀念館

▲ 東江縱隊紀念館浮雕

▲ 館內武器文物

　　東莞大嶺山抗日根據地是東江縱隊發祥地和重要活動地之一，是東江抗日根據地的重要組成部分，亦是華南敵後抗戰的重要戰場。1940 年 10 月，廣東人民抗日游擊隊東江縱隊的前身之一——廣東人民抗日游擊隊第三大隊，挺進東莞大嶺山區，在大王嶺村設立部隊領導機關，創建大嶺山抗日根據地，開展敵後游擊鬥爭，曾取得百花洞戰鬥的勝利，粉碎日偽軍「萬人大掃蕩」，沉重地打擊了日偽軍，有力地支援了華南地區及全國的抗日戰爭。根據地遺址現存廣東人民抗日游擊隊第三大隊大隊部、會議室、大家團結報社、交通站、糧食加工場、操場、醫務所、中山書院，以及大嶺山抗日民主政權連平聯鄉辦事處九處文物舊址，是華南地區保存最為完好、規模最大、歷史風貌最為完整的抗日舊址。

東江縱隊與港九獨立大隊

「七七」事變之後，日寇加緊對中國的侵略步伐，不過一年多，鐵蹄已經踐踏中國半壁河山。日軍進侵華南後，當地湧現出不少民間抗日組織，其中最具代表性的是中國共產黨領導的東江縱隊，以及由香港民間組成，接受東江縱隊領導的港九獨立大隊。

東江縱隊全稱為廣東人民抗日游擊隊東江縱隊，是在抗日戰爭時期，中國共產黨在廣東省東江地區創建和領導的一支人民抗日軍隊。1938年日軍侵犯華南，同年12月，惠寶人民抗日游擊總隊及東寶惠邊人民抗日游擊大隊成立，其後發展成廣東人民抗日游擊隊第三及第五大隊。到了1943年12月2日，中共中央宣告正式成立東江縱隊。

1942年2月3日，廣東人民抗日游擊總隊港九大隊在西貢黃毛應村的教堂宣告成立，其後改稱港九獨立大隊，直屬東江縱隊司令部。這支隊伍有千餘人，包括農民、學生和海員，大多是香港本地土生土長的居民。

抗日戰爭時期，位於中國南端的香港作為國際援華物資的中轉站，為抗戰做出了很大貢獻。太平洋戰爭爆發以後，日軍於1941年12月8日進攻香港。駐港英軍在聖誕節宣告投降，香港從此開始了3年8個月的日據時期，經濟文化，社會民生都受到很大破壞。香港淪陷後，

廣東人民抗日游擊隊隨即派出武工隊進入香港、九龍地區，開展城市游擊戰，還先後建立了海上中隊和護航大隊，開展海上游擊戰。香港淪陷時，有一大批中國文化界知名人士和愛國民主人士，以及國際友人滯留港島，處境十分危險。廣東人民抗日游擊隊攜手港九獨立大隊，在香港營救出何香凝、柳亞子、茅盾、鄒韜奮等八百餘人，以及一些國民黨官員和眷屬、遇險的美國航空隊飛行員、港英官兵和荷蘭、比利時、印度等國際人士近百人。

港九獨立大隊組成後，積極在香港市區和新界投身抗日救亡活動，包括襲擊日軍據點和運輸隊、伏擊漢奸、派發抗日宣傳單張等。他們還與東江縱隊護航大隊配合，攻擊日軍及其海上運輸線，保護漁民及航道。此外，港九獨立大隊亦與盟軍、英軍服務團等緊密合作，協助營救大批盟軍及國際友人。同時港九獨立大隊的「國際工作小組」還為盟軍提供日軍在港的情報。

1945年8月15日，日本宣佈無條件投降之後，東江縱隊繼續消滅東江兩岸的日軍據點，招降或消滅負隅頑抗的敵人。1945年，朱德在「七大」軍事報告《論解放區戰場》中，將東江縱隊，海南的瓊崖縱隊和八路軍、新四軍並稱為「中國抗戰的中流砥柱」。

◀ 東莞大嶺山東江縱隊抗日根據地舊址

海水與烽火：虎門歷史遊

　　遊覽過遍佈東莞各地，星星點點的名人足跡與文化古跡，現在坐上車，我們來到位於東莞西南的虎門鎮。雖然這座海濱城鎮的面積還不到 180 平方公里，卻在中國近代史上留下不可忘卻的印記，甚至影響到後來的中國歷史發展。

「虎」在何處？—— 虎門名字的由來

　　虎門這個地名與虎有關，那麼究竟哪裏有「虎」呢？今天我們開車從廣州南沙出發前往東莞，行駛在虎門大橋上，向北看去，遠處海中兩座大島上山體圓滑，形似老虎蹲伏時隆起脊背的小山丘，兩丘迎面相對，看起來像是豎起了一扇大門。這兩座小山被稱為大虎山、小虎山，民間因此稱這片區域為虎頭門，到清初簡稱虎門。

◀ 虎門炮台分佈全圖

明崇禎《東莞縣志》：「（虎門）二山對列，束隘如門，軒然昂頭，隱若虎踞，潮汐出入，勢甚雄激，南控重溟，為省城門戶」。

民國《東莞縣志》：「虎頭山，在城西南五十五里大海中，一名秀山，有大、小虎頭二山，俗名虎頭門。」

▲ 虎門大橋

由於虎門重要的地理位置，清代有水師駐軍此處。清康熙二十六年（1687 年），虎門駐軍營寨虎頭門寨由阿娘鞋島（威遠島）遷移到石岐嶺（大人山）下。嘉慶十五年（1810 年），又在此地建立虎門水師提督署，統管全省三十六營水師。此後，虎門寨城內外水陸之域被統稱為「虎門」。

虎門大橋

虎門大橋橫跨東莞虎門和廣州南沙之間的珠江入海口，全長 15.78 公里。該橋於 1997 年 7 月 1 日通車，是廣東省人民慶祝香港回歸的紀念禮物，也是由我國自行設計建造的第一座特大型懸索橋。

虎門大橋是東莞的著名地標，具有重要的意義。首先從歷史角度看，虎門大橋的位置與威遠炮台遙相呼應，這裏是鴉片戰爭的古戰場，清末英軍正是從此處用堅船利炮轟開中國大門進行侵略，在這裏建造中國人獨立自主設計建造的大橋，展示了中國一掃清末的積貧積弱，騰飛發展的實力，以及中國人勤勞智慧，自立自強的精神。

從技術方面，虎門大橋以跨度大的高難度造橋技術而聞名，為後來的廈門海滄大橋，江蘇江陰大橋等同類大跨徑懸索橋提供了建造經驗。其主航道跨徑 888 米，被譽為「世界第一跨」。2002 年，虎門大橋被授予中國土木工程的最高榮譽「詹天佑獎」。

在經濟交通方面，虎門大橋是連接珠江兩岸，廣東東西的樞紐，溝通廣、深、珠、港、澳的節點。它的成功建成，縮短粵東粵西交通里程一百多公里，對廣東，乃至粵港澳大灣區的發展意義重大。

▲ 東莞鴉片戰爭博物館

▲ 東莞鴉片戰爭博物館雕像

▲ 博物館內林則徐禁煙雕像

▲ 虎門銷煙池

鴉片戰爭博物館
與林則徐銷煙池

　　虎門雖然是隸屬東莞的一個鎮，但它的名字在中國人當中可謂如雷貫耳，因為一百多年前林則徐曾在此率領愛國軍民銷毀鴉片，抗擊英軍，是近代中國軍民英勇抗擊外國侵略的英雄地。

　　鴉片戰爭博物館位於東莞市虎門鎮，是一座紀念性和遺址性相結合，負責收藏、保護、陳列、研究林則徐虎門銷煙及鴉片戰爭歷史和開展愛國主義教育的專題博物館。館內的林則徐銷煙池與虎門炮台舊址是鴉片戰爭時期的重要文物。2020 年 12 月，鴉片戰爭博物館被評為國家一級博物館，「全國禁毒教育基地」。館內陳列的虎門銷煙和鴉片戰爭文物，是東莞作為中國近代史開篇地的歷史見證。

　　林則徐銷煙池是中國第二批全國重點文物保護單位。它位於虎門鎮鎮口村南。

▲ 北京天安門廣場人民英雄紀念碑碑座四面鑲嵌有八塊浮雕，第一塊即以虎門銷煙為主題，體現出虎門銷煙作為中國人民反帝鬥爭偉大起點和在中國近代史上的重要地位。

清代中晚期，經歷了工業革命的英國為了攫取更多資源財富，開拓海外市場，傾銷工業產品，開始向中國輸入毒品鴉片。鴉片的大量輸入導致了諸多惡果，中英兩國的貿易地位完全改變，中國白銀大量外流，造成嚴重財政危機；吸食鴉片損害國人身心健康，削弱軍隊戰鬥力；中國統治階層為了購買鴉片包庇走私，加稅攤派搜刮人民，愈發腐敗。

　　於是，道光十九年（1839年）3月，林則徐以欽差大臣身份抵達廣東，辦理禁煙事宜。6月3日，林則徐親自到虎門海灘，命人在此修築了兩個大池子，作為銷煙之用。在當地官員百姓，以及部分外商、外國領事、傳教士、外國記者等人的見證下，現場將集中收繳的近兩萬箱鴉片、煙膏等全部投進存有鹽滷水和石灰的銷煙池當眾銷毀。

▲ 林則徐銷煙池舊址

林則徐虎門銷煙的歷史評價

　　林則徐不畏強權，剛正不阿，他領導禁煙運動，維護了中華民族的尊嚴利益，展現出中國人民反對外國侵略的決心。虎門銷煙的歷史意義和林則徐的功績，也將永遠為後人銘記。

- 中國無產階級革命家毛澤東曾說過：我們的民主革命「從林則徐算起，一直革了一百多年」。

- 曾任第9任港督兼駐華公使的寶寧（John Bowring）在《欽差大臣林則徐的生平及著述》中認為，林則徐是「中國政治家中最卓越的人物」，他說「在中國，可以說林則徐是該國人民的縮影 —— 那個龐大帝國的輿論集中表現在這個人身上。他是中國的一位理想的愛國志士……」寶寧還說林則徐是「中國愛國志士的驕傲」，「太偉大了，他不會被遺忘」，「林則徐忠誠地、幾乎不間斷地為他的國家服務36年。在社會生活中，他以廉潔、睿智、行為正直和不斂錢財著稱」。

- 英國香港史專家安德葛（George Beer Endacott）在《香港史》中稱：「（林則徐的禁煙計劃）以果斷及迅雷不及掩耳之勢出擊，使得英國人出乎意料，（他們）完全沒有想到林則徐會以果斷、活力和對中國利益的獻身精神來付諸行動。」

林則徐名言與詩詞

- 海納百川，有容乃大；壁立千仞，無欲則剛。
- 子孫若如我，留錢做甚麼，賢而多財，則損其志；子孫不如我，留錢做甚麼，愚而多財，益增其過。
- 若鴉片一日未絕，本大臣一日不回，誓與此事相始終，斷無中止之理。
- 海到無邊天作岸；山登絕頂我為峰。

赴戍登程口占示家人　其一

出門一笑莫心哀，浩蕩襟懷到處開。
時事難從無過立，達官非自有生來。
風濤回首空三島，塵壤從頭數九垓。
休信兒童輕薄語，嗤他趙老送燈柸。

赴戍登程口占示家人　其二

力微任重久神疲，再竭衰庸定不支。
苟利國家生死以，豈因禍福避趨之。
謫居正是君恩厚，養拙剛於戍卒宜。
戲與山妻談故事，試吟斷送老頭皮。

五虎門觀海

天險設虎門，大炮森相向。
海口雖通商，當關資上將。
脣亡恐齒寒，閩安孰保障？

▲ 清代光緒年間建造的威遠炮台遺址

虎門炮台及海戰博物館

　　虎門炮台是分列於珠江口兩岸清代炮台的總稱，由沙角、大角、南山、威遠、鎮遠、靖遠、鞏固、永安、大虎等炮台組成，是珠江口主要的防守要塞。位於珠江出海口的虎門威遠炮台是當年鴉片戰爭古戰場遺址，也是我國保留得最完整、最有規模的古炮台之一。

　　第一次鴉片戰爭爆發，1841 年 2 月 25 日，英軍進攻虎門，廣東水師提督關天培等率軍英勇抗擊，關天培不幸壯烈犧牲，最後虎門炮台盡數被英軍炸毀，光緒八年（1882 年）由總督張樹聲奏准修復。1982 年，虎門炮台舊址被國務院列為全國重點文物保護單位。

▲ 海戰博物館

▲ 橫檔島炮台遺跡

▲ 虎門炮台（唐漢成　攝）

海戰博物館

　　博物館坐落於虎門海口東岸的威遠炮台遺址附近，是一座專題性與遺址性相結合的博物館。該館以鴉片戰爭古戰場——即全國文物保護單位虎門炮台舊址為依託，利用文物史料和現代聲光技術，以真實、生動、逼真的手法表現了鴉片戰爭時期中英軍事力量的對比，重現了當年中國軍民抗擊英國侵略的悲壯情景。

沙角炮台

　　建於清嘉慶五年（1800 年），是鴉片戰爭的古戰場。當時的沙角炮台與大角炮台是虎門海口的第一道防線，為粵海第一重門戶。現存瀕海台和刻有「沙角」字樣的石牌坊各一座，另有大炮三門、林則徐紀念碑、繳煙碼頭廣場、節兵義墳、陳連升塑像、捕魚台等珍貴文物遺跡。1982 年公佈為全國重點文物保護單位。

▲ 虎門沙角古炮台瀕海台

▲ 沙角節兵義墳

▲ 鳥瞰虎門威遠古炮台

拜訪明清古村落

　　尋訪過與東莞文化名人有關的歷史遺跡，學習過東莞英雄在歷史上的浩然正氣，你是否想看看歷史上普通的東莞人是怎樣生活的？那麼就去現存的兩座明清古村落走一走吧。

▲ 古圍牆東門

塘尾明清古村落

　　塘尾明清古村落位於東莞市石排鎮塘尾村，自宋代開基至今，是東莞現存較好、規模較大的古村落。村落內現存以明清建築為主，按當地地形結合風水而建。它整體形狀如蟹，後有靠山前有水塘。能藏風聚氣，村落四周還有完整的圍牆保護。村落中精美的祠堂、書院、民居，鱗次櫛比。它不僅是廣東省極具嶺南風情與水鄉特色的景點，更是我國古代農業聚落和嶺南明清古建築融合的實例，有相當高的歷史文化和建築藝術的價值。村內的「康王寶誕」活動有近 300 年歷史，是嶺南地區明清民俗的「活化石」，並在 2007 年成為廣東省非物質文化遺產。古村於 2006 年 5 月 25 日被國務院公佈為第六批全國重點文物保護單位。

塘尾明清古村落有甚麼可以重點遊覽的地方呢？

塘尾古圍牆

珠江三角洲地區有一種傳統村落形式叫做「圍村」。村子周邊由磚石圍牆包圍，用來防備匪盜襲擊和猛獸。塘尾明清古村落是東莞地區一座典型的圍村，它的青磚圍牆建於明代，是東莞市現存最完好的古村圍牆。它長約八百六十餘米，高 5 米，在東南、西南、西北、東北四角設有東南西北四門，其中最大的是刻有「秀挹東南」匾額的東門。圍牆還附有 28 個以二十八星宿命名的炮樓，保護村莊安全。幾百年來，古圍牆頂住了朝代更迭的戰亂，以及本地土匪的劫掠，至今基本完好，遊人可見的炮樓仍有 19 個。

▲ 古村民居

祠堂

古村保留了諸多完好的明清建築，其中一大特色是村中各個家族的祠堂。宗祠及家祠中保存的文物體現出古老家族的家風，展現當時普通人生活的面貌，宗祠建築精美的木雕石雕工藝則顯示出工匠高超的技術水平和審美趣味。其中具有代表性的有始建於明代的李氏宗祠；始建於清代，樑架木石雕刻精美的景通公祠；始建於清末的梅公祠，祠內保留從明代十世祖至清代二十二祖的祖先牌位原物，為東莞地區罕見；還有家祠與民居書院結合的代表之一，現存陳伯陶1919 年題寫「寶卿家塾」匾額的寶卿家塾等。

▲ 塘尾明清古村落李氏宗祠

古巷

塘尾古巷呈井字佈局，南北縱向 7 條，東西橫巷4 條，石板鋪就。漫步其間，觀賞兩側明清古宅，能夠體驗到古人鄉居的意趣。

▲ 塘尾明清古村落東門與古井

▲ 南社明清古村落

南社明清古村落

　　南社明清古村落被譽為東莞第一古村，它坐落於東莞市茶山鎮，始建於宋代，距今已有 800 多年歷史，村民祖先大多為浙江紹興謝氏後代。明清時期是這裏最繁榮的時候。南社村謝氏族人，歷來勤奮好學，人才輩出。據不完全統計，歷史上共有三十多人中秀才，十多人中進士和舉人，著名社會學大師費孝通先生稱南社為「古代進士村」。

　　南社明清古村落佈局以水塘為中心。兩岸祠堂林立，民居密佈，整體造型像一條船。村內建築羣由民居、祠堂、書院、店鋪、家廟、古榕、樓閣、村牆、古井、巷

▲ 古村大門

道、牌樓等組成，是中原南下居民締建的典型村落。村內現仍存大量明清古建築。其中以謝氏大宗祠、百歲坊、百歲翁祠、資政第、謝遇奇家廟等最為珍貴。

　　南社明清古村落具中原風格外，同時又是一座充滿濃郁嶺南文化特色的古村落。擁有保存完好的嶺南特色古建築、良好的生態環境和豐富多彩的民間傳統文化風俗，是中原混融嶺南風俗的活化石。2005 年，南社明清古村落被中華人民共和國建設部和國家文物局共同評定為第二批中國歷史文化名村。

　　南社古村有甚麼好看、好玩、好吃的？

▲ 百歲坊

▲ 謝遇奇家廟

▲ 南社古戲台

百歲坊

　　百歲坊是為了紀念四位百歲的老壽星而建的。明萬曆年間，南社村有四位百歲老人，東莞縣令李文奎上報朝廷建立了這座百歲坊，以示敬老尊長。

謝遇奇家廟

　　謝遇奇家廟為全國重點文物保護單位。建於清光緒二十七年（1901 年），1997 年重修。它坐南向北，三間二進二廊一天井的合院式佈局，總面闊 13.75 米，是南社代表性的古建築。謝遇奇是清同治四年武進士，曾隨左宗棠平定新疆，一生南征北戰，屢立戰功，榮膺一品，被封為建威將軍。為表彰他的功績，光緒皇帝御賜准其建家廟以示獎勵。謝遇奇告老還鄉後，建住屋，興家廟，其住屋規模是村裏留存至今最大的住宅。

南社打醮

　　南社作為一座歷史悠久的古村落，還保留了不少傳統的節日文化，其中頗為壯觀的便是「齋醮節」，就是打醮。南社古村每隔三年就要在冬至臨近時舉行一次齋醮，以祈求降福消災，齋醮期間會舉辦巡遊、傳統婚俗表演、龍獅匯演等眾多精彩節目，此外還會舉辦百歲齋千叟宴，筵開 100 多席，邀請村裏的逾千位老人一起免費品嚐齋宴，傳承尊老敬老美德。

▲ 古村湖泊

▲ 清代中舉者展示名次的旗杆石

▲ 謝氏大宗祠

▲ 村莊風貌

南社美食

南社村九大簋是古村一種特別的宴席形式，是東莞市非物質文化遺產。「簋」原是古代貴族的食器或祭祀器皿，後來民間也開始使用。南社九大簋是九道用簋盛放的菜，菜品要有蔬菜以及兩種魚、兩種肉、兩種禽類，寓意「九子登科」、「長長久久」，每一道菜名都寓意美好與吉祥，以橫三豎三的格局擺放在八仙桌中間。

南社九大簋分為新年齋宴、家宴、娶妻、嫁女、祝壽和添丁六大系列，內容更為豐富。九大簋每席只坐八人，相鄰二人共用桌子一角的同一隻酒碗和醬油碟。開宴後人們只能品嚐放在最中間

那道菜，由這一桌的席長調換菜品，直到吃完所有的菜餚。南社村九大簋還通過 CCTV-10《文明密碼》欄目的《茶山古鎮話傳承》紀錄片，以及城市美食紀錄片《尋味東莞》等節目，傳播到全國各地甚至海外。

將軍飯因謝家先祖建威將軍謝遇奇而得名。謝遇奇曾跟隨左宗棠西征新疆平叛，在新疆他很愛吃一種加入了新疆特產葡萄乾的炊飯。到他卸甲歸田的時候，把這種做法帶回了南社，村民就把這種飯叫做將軍飯。將軍飯是由本地米和糯米混合，加入臘肉、臘腸、紅棗、花生、葡萄乾等合蒸而成，冬日吃上一碗，香甜不膩、暖身補氣。

人文遺產豐富的東莞，也不乏自然美景。從城市走到山野，從探訪古跡到遊覽山水，我們一起去了解東莞的自然地理，呼吸森林公園的新鮮空氣，觀察海灣候鳥翔集的奇觀。

03

東莞
自然之旅

東莞歷史底蘊豐厚，古往今來擁有燦爛的人文遺產。但它也是一個山水兼美，自然環境優美的地方。我們的旅程從歷史回到現代，趕緊背上登山包與水壺，穿上旅遊鞋，來一趟現代東莞的自然之旅！

東莞地理快速看

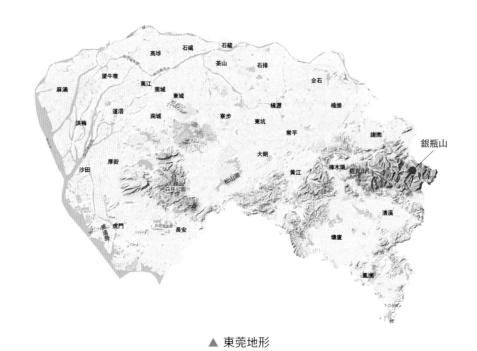

▲ 東莞地形

東莞總面積約有 2465 平方公里，大致相當於兩個香港，整體地勢東高西低。地勢最高處是東南部海拔 898 米的銀瓶嘴山地，然後地勢逐步降低，西部平原地區的海拔在 2 米到 0.01 米之間。

東莞境內的東江過去經常氾濫，東江平原飽受洪澇之苦，而西南濱臨珠江口的沖積平原地形低陷，因而受到潮汐影響，造成大面積的沙鹹田。直到 1958 年開始綜合治理，才讓東莞逐漸擺脫這些災害，拓展出大面積適宜耕種的田地和水果生產基地。

東莞的中部和東南部是半山區，沿河溪可以種植水稻，但大部耕地以旱地、坡地為主。

東莞名山

▲ 遠眺銀瓶山

銀瓶山

　　銀瓶山（銀瓶嘴）是東莞海拔最高的地方，素有「小九寨溝」之美譽。因主峰遠觀似瓶，流傳着觀音菩薩觀賞美景流連忘返，不慎留下淨瓶化為山峰的美麗傳說。這裏終年雲遮霧障，只有萬里無雲之日才顯露真面目。銀瓶山森林公園佔地面積超過 2500 公頃，園內有「仙猴望月」、石鼓水庫、百丈瀑布、外星坑孔雀瀑布等景點，是登山、觀光、旅遊的絕佳勝地。園內動植物資源豐富，擁有植物 1500 多種、鳥類105 種，其中包括穗花杉、三尖杉、華南五針松、短萼儀花、禾雀花等珍貴植物物種，以及穿山甲、琴蛇、貓頭鷹、野豬等各種野生保護動物。2021 年，森林公園入選當年廣東省自然教育基地名單。

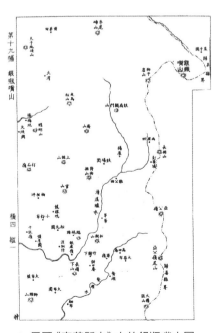

▲ 民國《東莞縣志》中的銀瓶嘴山圖

▲ 白石山採石場遺址

白石山採石場遺址

　　白石山採石場位於東莞大嶺山森林公園內，本是一處荒廢多年的廢舊採石場，採石的深坑蓄起了雨水形而成的多個礦山湖，在風吹雨打中形成了一種戈壁沙漠的荒涼感。特殊的景色卻成為攝影圈嚮往的聖地。

◀ 白石山採石場
　遺址的沙化岩

觀音山國家森林公園

觀音山國家森林位於東莞樟木頭鎮，園內最高點為海拔566米的耀佛嶺，海拔488米的觀音山風光秀麗，可以瞭望到樟木頭鎮。園內擁有東莞最大最集中的自然瀑布羣，其中有落差近400米的仙泉瀑布，以及普渡溪三十六級瀑布等。園區森林覆蓋率達到90%以上，擁有東莞境內最大最完整的原始次生林，一千餘種野生動植物生活其中，當中不乏國家保護的瀕危物種。

觀音山相傳是觀世音菩薩初抵中華國土時的第一個落腳點，因此又有「南天聖地、百粵祕境」等美譽。觀音山頂有一座始建於後梁時期的觀音禪寺，距今已有1100多年的歷史。禪寺供奉有一尊高33米、重達3300多噸的世界最大花崗石雕觀音聖像。每年都吸引眾多遊客前來上香禮佛，祈求平安。

▲ 觀音山國家森林公園

▲ 觀音山森林公園中的花崗岩觀音雕像

▼ 觀音山上看樟木頭鎮

▲ 松山湖景區一角

東莞的湖海風景

松山湖景區

　　松山湖景區位於東莞大朗鎮，它既有天然的湖區濕地美景，又是國家級高新技術產業開發區，東莞科學發展示範區、產業升級引領區，是珠三角乃至全中國產業轉型的科技中心。

　　松山湖是松山湖高新產業區的核心。在發展高精尖企業基地的同時，創造人與自然和諧的生態環境，是松山湖景區最大的現代特色。松山湖原本是一個大型天然水庫，後來改建成一個環境優美的湖泊景區。景區擁有 8 平方公里

的淡水湖和 14 平方公里的生態綠地，保存着完好的充滿嶺南氣息的原生態綠地，綠化覆蓋率超過了 60%。景區內有松湖煙雨、松湖花海、狀元筆公園、月荷湖公園、夢幻百花洲、桃源公園等主要景點。其中夢幻百花洲是松山湖景區內以花卉為主題的大型主題公園，非常適合戶外活動或是攝影。這裏收集世界各地花卉集中展出，還可在蝴蝶生態園觀賞不同品種的蝴蝶。

▼ 夢幻百花洲

▲ 夢幻百花洲的熱帶植物園

▲ 夢幻百花洲

濱海灣新區

濱海灣新區由交椅灣、威遠島、沙角半島組成，處在粵港澳大灣區的中心，緊臨港澳廣深，連接前海與南沙國家自貿區，面積約 84 平方公里。

其中位於珠江口的交椅灣，擁有一千餘畝紅樹林。附近的灘塗濕地，每年都會有超過十萬隻候鳥前來停留越冬。目前已記錄到遷徙鳥類近 400 種，包括中華鳳頭燕鷗、黑臉琵鷺、中華秋沙鴨、勺嘴鷸、鴛鴦、青頭潛鴨、小青腳鷸、白鶴等珍稀瀕危鳥類。冬季可以在這裏拍攝到萬鳥羣舞的壯觀場面。

濱海灣新區堅持生態優先、綠色發展的理念，加快推動形成生產、生活、生態「三生」融合的空間發展格局，打造「山海河林田」生命共同體。2022年 5 月，《廣東省海洋生態環境保護「十四五」規劃》正式印發實施，規劃提出，「十四五」期間將重點推進全省包括東莞濱海新區交椅灣在內的 15 個美麗海灣建設，營造、修復紅樹林 8000 公頃，在珠江口探索實施更嚴格的禁漁休漁制度。此外廣東政府還將建設濱海公園及濕地公園，提升東莞市濱海灣等重點海灣的公眾親海空間。實施海岸線清理整治、岸灘保潔維護和岸線生態修復等工程，相信日後濱海新區的自然環境將更優美，更多元，令更多市民受益。

▼ 交椅灣的候鳥（王敬新　攝）

著名作家馮驥才先生有這樣一句話：「一個國家或城市怎麼對待博物館，體現它的現代文明程度。」以東莞的面積來看，擁有的博物館數量可謂不少。在之前的旅途中，我們了解了東莞的歷史和自然，今昔人文與社會發展。博物館正是將這些方面整合起來的場所，而且通過遊覽博物館，我們還可以體會到當地的民風民俗，進一步了解東莞，喜愛東莞。

04

從**博物館**
了解東莞

走過東莞的山山水水，了解當地的自然風物，我們不妨回到城市當中，看一看今日東莞的社會風貌。不過旅行的時間有限，怎樣才可以最快，最全面地了解一座城市？當然是看一看本地的博物館了！

尋找古文明的蹤跡

抵達東莞之初，我們就已經知道，早在原始時期，這個地方就存在着人類文明的痕跡……

▲ 東莞蠔崗遺址博物館

東莞蠔崗遺址博物館

東莞蠔崗遺址博物館位於東莞市南城區勝和蠔崗村，是距今5000年左右的新石器時代晚期的遺址。現存面積約600平方米。在此發掘出土了一批陶器、石器、骨器

和蚌器等殘件，發現紅燒土活動面、房子、墓葬、灰坑、溝等新石器時代遺跡。這裏出土的兩具保存完好的新石器時代人類遺骸，是目前珠江三角洲考古發現的年代最早的人骨架，堪稱珠江三角洲之祖。蠔崗遺址是廣東地區目前發現年代最早的人類生活遺址，也是珠江三角洲為數不多的出土彩陶的貝丘遺址，被考古專家譽為「珠三角第一村」和「東莞歷史文化的基石」，為全國重點文物保護單位。

東莞村頭遺址

　　東莞村頭遺址位於虎門鎮村頭村西的大山園，遺址分佈於台地上，屬海灣類型貝丘遺址，面積約 1 萬平方米，堆積層厚 1 ～ 3 米，共分 5 層，從 3500 年前的青銅時代開始，一直到明代晚期，層層疊壓。不同功能遺跡佈局有序，有南部低窪地垃圾區、中部偏北高坡居住區等。

　　考古清理的十餘座房基均為平地起建，有圓形、圓角方形，還有柱洞、灰坑、排水溝。遺址出土有石器、骨器、銅器、鐵器、瓷器、陶器及珠飾、墨硯等珍貴文物，其中出土的陶器、銅器以其特殊的形狀、製法、質地和花紋對研究珠三角地區早期的陶器和青銅器文化有着極為重要的意義和價值。它是廣東省青銅時代早期遺址發掘面積最大的一處。2019 年，東莞村頭遺址列入第八批全國重點文物保護單位。

甚麼是貝丘遺址？

　　貝丘遺址（Shell Mound）是一種主要出現在新石器時代的古代人類居住遺址。這類居住遺址比較多出現海洋、河流和湖泊沿岸，當時的古代人類從水中撈取大量有貝殼的水生生物食用，被棄置的貝殼大量堆積在遺址的文化層（考古中指古代遺址中因為人類活動遺留下的痕跡與事物形成的堆積層）中，因此得名。中國的貝丘遺址，濱海省份以山東最多，江蘇、福建、台灣、廣東、廣西也有分佈，內陸淡水河湖沿岸的貝丘遺址，則有雲南滇池等代表。貝丘遺址中除了各類貝殼，還能發現古人類的房屋墓葬遺跡，各種材質的器皿、工具、裝飾品等遺物。考古工作者們通過發掘貝丘遺址，可以研究當地新石器時代到青銅時代人類的文明活動，還可以通過研究遺址內貝殼的類型，考察當地的自然環境變化。

了解東莞看甚麼？

要最快地了解東莞古今城市生活的變遷，介紹社會歷史風貌的城市博物館是必去之地。

東莞市博物館

東莞市博物館位於莞城新芬路科書博廣場，是東莞市屬唯一的地方綜合性博物館，展陳東莞地方歷史研究的中心。

博物館佔地面積 2700 平方米，常設展覽有「古代東莞」、「館藏碑刻展」和「古塔韻，水鄉情」。館藏文物逾 2 萬件，其中珍貴文物 1080 件，代表性藏品包括西漢木槨墓、南漢鎮象塔、元代資福寺大銅鐘、明代白釉貼花梅瓶、居廉居巢畫作以及故宮調撥的明清珍貴文物等，書畫藏品更具規模，尤以收藏張穆、居廉、居巢、鄧白、盧子樞、嶺南畫派及國畫研究會等廣東明清及近現代著名書畫家及流派作品為特色。再現了東莞五千年文明和悠久的歷史，吸引着眾多的遊客和文化愛好者到此參觀遊覽。

東莞市錢幣博物館

東莞市錢幣博物館是東莞農商銀行籌資建設，展示錢幣實物、介紹中國金融文化、普及金融知識的專題博物館。

錢幣博物館以其豐富的藏品、精良的展覽位居全省、全國金融行業博物館前列，博物館陳列分為「歷史篇」、「流通篇」、「技藝篇」、「鑒研篇」四個篇章，展出中國自原始社會末期以來的不同歷史發展階段的貨幣實物以及世界不同地區古代和近現代錢幣。其中第一套全套人民幣、10 公斤千禧金幣、10 公斤奧運金幣、東漢搖錢樹、宋代錢山及廣東錢幣等，均是中國錢幣珍品。

掃描 QR CODE
前往東莞市博物館官方網頁，了解更多東莞的故事吧！

掃描 QR CODE
前往東莞市錢幣博物館官方網頁

銅鐘與資福寺

▶ 東莞市博物館藏
資福寺南漢石經幢

◀ 東莞市博物館藏
資福寺銅鐘

　　我們仔細觀看東莞市博物館的 LOGO，可以發現它的中心圖案是一口銅鐘。它就是博物館內收藏的元代銅鐘，銅鐘鑄造於元至正六年（1346 年），蟠螭鈕，高逾兩米，口徑 111 厘米，重約 2.5 噸，鐘身刻有梵文漢語兩種文字的佛教經咒、「風調雨順 國泰民安」字樣、記錄鑄造由來的長篇銘文以及捐資者姓名。它原本放置在東莞資福寺中，因此也被稱作資福寺銅鐘。

　　東莞資福寺舊址位於今天東莞市莞城中心小學，始建於南漢大寶 5 年（962 年），20 世紀三十年代寺廟改為東莞縣立第一小學，20 世紀六十年代寺廟剩餘建築拆除之後，銅鐘與南漢時期的石經幢都被轉移到博物館收藏。

　　東莞資福寺還與蘇軾有着不解之緣，據説蘇東坡曾在寺內居住，並寫下《廣州東莞縣資福禪寺羅漢閣記》、《廣州東莞縣資福寺舍利塔銘》、《廣州東莞資福堂老柏再生贊》三篇文章。《廣州東莞縣資福寺舍利塔銘》寫到蘇東坡用裝飾犀角的腰帶交換到佛腦舍利，裝在舍利塔中，安置在資福寺「壯麗甲於南海」的羅漢閣。1896 年資福寺興建東坡閣，並在閣中安放蘇軾《羅漢閣碑》殘片，雖然碑文和建築都已不存，但蘇東坡留下的詩文流傳至今。

廣州東莞縣資福禪寺羅漢閣記　偈文
蘇軾〔北宋〕

五百大士棲此城，南珠大貝皆東傾。
眾心回春柏再榮，鐵林東來閣乃成。
寶骨未到先通靈，赤蛇白璧珠夜明。
三十襲吉誰敢爭，層簷飛空俯日星。
海波不搖颶無聲，天風徐來韻流鈴。
一洗瘴霧冰雪清，人無南北壽且寧。

領略東莞工藝之美

嶺南美術館

嶺南美術館是嶺南畫院的一部分，坐落於可園北側。嶺南畫院是可園文化園區挖掘、放大可園作為嶺南畫派重要策源地和嶺南建築瑰寶兩大歷史文化資源的主體設施和單位，由嶺南畫院、嶺南美術館、嶺南畫家村三大建築組成。

嶺南美術館有五個大展廳和一個學術報告廳，並設有專業畫庫，具備展示、收藏、研究、教育、服務五大功能。嶺南美術館的展區面積達 6000 多平方米，是繼廣東美術館後的廣東省第二大美術館。

▲ 嶺南美術館

掃描 QR CODE
前往嶺南美術館官方網頁，了解更多嶺南藝術之美

中國沉香文化博物館

中國沉香文化博物館這座「好聞」的博物館，是中國第一座香文化主題博物館。它位於東莞市寮步鎮，於 2014 年 12 月 18 日建成開館。博物館運用先進技術，重現寮步香市歷史，介紹沉香的種植、香具的使用，展示來自馬來西亞、越南、印尼等地的頂級沉香實物以及各類香用品等。

東莞中國沉香文化博物館的建築與藏品有「三最」。一是擁有世界上最大的香盒。二是博物館名「中國沉香文化博物館」為國學大師饒宗頤先生親筆題寫。三是館藏有乾隆年代鑄造、當時亞洲最大的沉香香爐，乃鎮館之寶，價值連城。

▲ 東莞中國沉香文化博物館

沉香、寮步香市與香港

　　沉香是一種珍貴的中藥材，具有通關開竅、暢通氣脈、養生治病等神奇的功效，既可內服也可外用，其藥用已有悠久的歷史。古來常説的「沉檀龍麝」之「沉」，就是指沉香。它香品高雅，而且十分難得，自古以來即被列為眾香之首。沉香集保健、收藏等眾多價值於一身。產於東莞的沉香品質尤佳，被稱為「莞香」。正常生長的莞香樹無法結香，莞香樹的枝幹或根部經蟲蛀獸傷、雷擊風折或人為砍傷等創傷後，自身會分泌樹脂以修補受傷部位。樹脂被真菌侵入寄生，經年累月形成瘤狀香脂，呈黑褐色，堅實而重。上品入水能沉，故名沉香。莞香是沉香中的上品，已經成為東莞首個「國家地理標誌保護產品」和「生態原產地保護產品」。

　　沉香在東莞種植歷史悠久，東漢時期已有人培育，唐代起成為皇家專享。到明朝嘉靖年間開放給民間使用和貿易，隨即名揚四海，享譽至今。也因原料種植在東莞最為普遍，當地特產的沉香也被稱為「莞香」。屈大均在《廣東新語》云「東莞之寥步，凡莞香生熟諸品皆聚焉」，寥步即寮步，鎮內有著名的牙香街香市。東莞寮步香市與廣州花市、羅浮藥市、合浦珠市並稱為「廣東四大市」。由宋朝至清末，莞香在寮步香市集散銷售，運往國內各地，甚至遠銷海外東南亞和阿拉伯地區。東莞寮步香市不但是地方特產與商業傳統的結合，更是海上絲綢之路的一個重要見證。2014 年 12 月，寮步香市經國務院批准列入第四批國家級非物質文化遺產名錄。

　　莞香不但是東莞的名產，還與眾説紛紜的香港地名由來中，頗多人支持的一種説法有密切聯繫。永言〈香港地名考〉提出香港地名由來的「莞香説」，認為東莞南部及香港新界（今天仍有香粉寮等有關的歷史地名）所產製的莞香，會先運到尖沙咀香埗頭，然後載至香港仔石排灣。香木到了石排灣，或北上廣州城，行銷至長江流域和江南地區，或運往海外銷售，香港由此得名。1953 年葉靈鳳以葉林豐的筆名在《大公報》專欄「太平山方物誌」撰寫〈香港的香〉一文，文中亦宣傳香港地名來源的莞香説，並將其收錄於在 1958 年出版的《香港方物誌》。1959 年，香港大學歷史系教授羅香林在其中英對照著作《一八四二年以前之香港及其對外交通》中，將永言〈香港地名考〉作為香港命名來源的正確解讀。

◀ 中國沉香文化博物館內
收藏的莞香

東莞市非物質文化遺產展示廳

　　東莞市非物質文化遺產展示廳是目前廣東省最大的非遺展館。館內展出了 8 項列入國家非物質文化遺產的項目——千角燈、龍舟製作、麒麟舞、木魚歌、賽龍舟、麒麟製作、莞香製作技藝、寮步香市相關的文物與資料，也展出東莞婚嫁習俗、東莞傳統食品、非遺原創服飾等。

▲ 東莞醒獅使用的旗幟和鼓

▲ 東莞麒麟

東莞非物質文化遺產

　　根據東莞市人民政府官方網站及中國非物質文化遺產網的信息[1]，截至 2018 年底，東莞市形成國家、省級、市級、鎮街級的非物質文化遺產名錄體系，市級名錄以上 120 項，其中包括省級以上名錄 44 項，國家級名錄 8 項。在此列出東莞的國家級非物質文化遺產及其內容。

1　更多非遺信息，詳見 http://www.dg.gov.cn/zjdz/csts/whmc/content/post_298990.html# 和 https://www.ihchina.cn/

名稱	類型與內容	列入國家級名錄時間
燈彩 （東莞千角燈）	**傳統美術** 民國楊鶴賓《東莞竹枝詞》云：「一燈千角慶元宵，趙氏天潢衍宋朝。但願燈花來報喜，三年抱兩飲燈燒。」在東莞方言中，「千角燈」和「千個丁」同音，寓意添丁納福。 相傳千角燈原為宋朝宗室後裔東莞趙家獨有，元初開始紮製，每十年紮燈一次，懸掛在趙氏宗祠。千角燈分為燈頂、燈柱、燈體、燈帶、燈尾五部分。燈頂有圓形大寶頂和八條立體彩龍的骨架，八個角各有三條燈帶垂落，雙面繪有山水、花卉、人物等。燈體由三角形、長方形、梯形等兩百餘個浮凸立體結構拼接而成，精巧絕倫。	2006 年 第一批 非遺名錄
龍舟製作技藝	**傳統技藝** 廣東省東莞市中堂鎮是龍舟之鄉，有一百多年的龍舟製作歷史。中堂龍舟製作的工藝流程包括選底骨、起底、起水、打水準、轉水、做大旁、做橫擋、做坐板、安龍腸、加固中腸、上桐油灰、刨光、塗清漆、製作安裝龍頭、安裝尾舵等多個步驟。流程系統細緻，工藝精湛。 龍舟競渡是中國端午節的傳統民俗，龍舟製作技藝不僅具有工藝價值，還蘊藏深厚的文化和民俗內涵。由於社會經濟的發展，這門古老技藝有失傳的風險，亟需保護。	2008 年 第二批 非遺名錄
麒麟舞 （樟木頭舞麒麟）	**傳統舞蹈** 舞麒麟是明末清初由客家人從北方帶來的習俗，距今有四百五十多年的歷史。樟木頭舞麒麟分「頭套」（「麟趾呈祥」）和「尾套」（「採青賜福」）兩部分，「頭套」表現麒麟梳理、舔腳、舔尾、舔身、洗臉等動作；「尾套」表現麒麟尋青、聞青、試青、找青、逗青、採青、吃青、吐青等動作，表示麒麟降福人間，給人們帶來美好的祝福。麒麟舞之後，往往還有本鄉子弟的武術表演。	2011 年 第三批 非遺名錄

名稱	類型與內容	列入國家級名錄時間
木魚歌	**曲藝** 木魚歌又稱「摸魚歌」或「沐浴歌」，是流行於嶺南廣府，特別是東莞非客家區域的曲藝説書形式。舊時多由盲人表演，故又俗稱「盲佬歌」。木魚歌最早的文獻記載出現於明末清初，距今已有350年以上歷史。 木魚歌採用廣東白話，説唱相間，以唱為主。通常由一人自彈三弦伴奏，坐着演出。演出依演唱方式分為「雅唱」和「俗唱」（也稱「讀歌」）兩種。唱詞格式為七字上下句體，下句押韻，通常四句一段，通俗易懂，富有鄉土氣息。唱腔曲調抑揚頓挫，簡樸流暢，既宜於敍事，也善於抒情。表演題材有神話故事、民間傳説、歷史英雄演義、演義小説、雜劇故事改編，也反映民眾的現實社會生活。	2011年 第三批 非遺名錄
賽龍舟	**傳統體育、遊藝與雜技** 賽龍舟是東莞地區從宋代開始的體育競技民俗。每年農曆四月初八直到農曆五月底，東莞人划龍舟、洗龍舟水、趁龍舟景、吃龍舟餅、食龍舟飯、唱龍舟歌，延續一個多月，稱為「龍舟月」。龍舟月的中心活動是競渡，亦稱「龍舟景」。其活動包括：龍舟下水、搶青、設標、趁景、奪標、犒標等。	2011年 第三批 非遺名錄
彩紮 （麒麟製作）	**傳統美術** 彩紮是一種普遍流行於中國南北各地的傳統民間工藝，它與祭祀、節慶、遊藝等民俗活動密不可分，以篾骨紙裱做出相應形狀，同時輔以表面彩繪。麒麟彩紮是製作麒麟舞表演所需麒麟的美術工藝技藝，採用竹篾、黃藤、宣紙、紗、兔毛、布料、光油等多種材質，使用多種工序製作完成。麒麟頭的繪畫多以代表五行的紅、黃、綠、白、黑等顏色為主，加以彩繪，以牡丹、桃花、菊花、蝴蝶等豐富的花紋圖案，並飾以各式花球，體現祥瑞，表達美好祝願。	2014年 第四批 非遺名錄

名稱	類型與內容	列入國家級名錄時間
莞香製作技藝	**傳統技藝** 傳統莞香製作要將生長四至五年的莞香樹砍到只留尺許埋入土中，兩三年後挖開泥土鑿取莞香，每年十月人們採集莞香，先將含香油的木塊鑿下，再挖掉無香油積聚的部分，留下的就是莞香。採鑿的莞香依質地，可以分為「白木香」、「鐮頭香」、「牙香」、「沉香」。	2014 年第四批非遺名錄
寮步香市	**民俗** 保護、活化由宋至清東莞寮步香市莞香交易以及傳統商業活動的風俗。	2014 年第四批非遺名錄

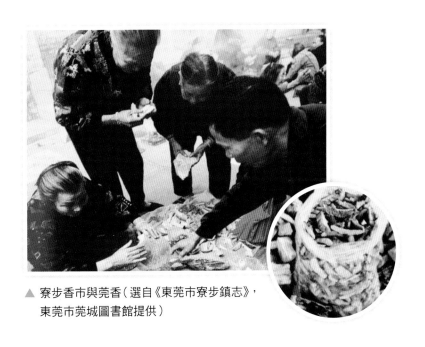

▲ 寮步香市與莞香（選自《東莞市寮步鎮志》，東莞市莞城圖書館提供）

大家都知道「十里不同風，百里不同俗」的俗語。東莞本地的節慶貫穿全年，風俗特別，活動有趣。來東莞旅遊，且「做一個東莞人」，體驗當地獨特的節日風俗，沉浸在東莞獨有的歷史、社會、自然環境下熏陶出來的濃濃人情味中。

05

過「一年」東莞風的節目

作為廣東的歷史名城、中原居民南移重地、廣府文化的核心區之一，社會尤其重視傳統的風俗節慶。同時，近代東莞是受西方影響的前沿，在傳統的風俗節慶中也體現出受西風影響的特點。

春節

從前一年臘月末到新一年農曆正月春節，是東莞傳統中最重要的節日時段。東莞的春節，有不少獨特有趣的風俗。

迎春花市

迎春花市是南粵大地春節最大的特色。東莞地區有大面積的土地種植各種花卉，極大的豐富了傳統的花市和規模。東莞各鎮的花市一般從臘月二十七開始到年初一凌晨結束，年夜飯後大家或是全家出動或是呼朋喚友行「花街」，聲勢相當浩大。童謠會唱：「年卅晚，行花街，迎春花放滿街排，朵朵紅花鮮，朵朵黃花大，千朵萬朵睇唔晒。阿媽笑，阿爸喜，人歡花靚樂開懷……」

除夕之夜的「賣懶」

賣懶的風俗，是除夕之夜讓小孩拿着一個鴨蛋（廣州一般用雞蛋），插上線香到村外跑三圈，小孩同時還要唱賣懶歌：「賣懶仔、賣懶兒，賣俾廣西王大姨。今日齊齊來賣懶，醒（明）朝清早過新年。」孩子們跑完，唱累歌謠，回家吃掉鴨蛋，就象徵着賣掉了一身懶惰，新一年變得勤勞聰明。「賣懶」的細節，各鄉各例，如有地方的童謠唱的是「賣懶去，買勤來」，目的在督促兒童在新的一年要努力。

東莞舞獅

東莞的動物造型舞蹈豐富多彩，舞龍、舞鳳、舞獅、舞麒麟等。舞麒麟以樟木頭、清溪鎮最為有名，而長安鎮的舞獅技藝精湛，表現非凡，被國家體育總局授予「龍獅之鄉」的稱號。如今每年的元宵節，當地都會組織大型的羣獅賀歲活動，相當精彩。

▶ 東莞舞獅

詩歌裏的東莞新年 [1]

東莞竹枝詞　之一
鄧爾雅〔民國〕

萬家婦孺作荊鞭，火樹銀花不夜天。
烽燧費為遊戲物，私心請祝太平年。

東莞竹枝詞　之二
鄧爾雅〔民國〕

餹餅油餇餛飩陳，誰家巫嫗慣祈神。
鏘鏘刀剪招魂祭，千些聲哀怯比鄰。

1　選自鄧爾雅著，《鄧爾雅詩稿》，廣東人民出版社，2007 年，第 5～6 頁。

賣身節

這是東莞最特殊的節慶，每年農曆二月初二都會盛大舉行。這個節日起源於明末清初，相傳最早的「賣身」習俗來自東莞東坑，當時的富人大戶在農曆二月初二這天到村裏僱用長工種田，沒有田地的青壯年受僱後要出賣勞力一整年，因此稱這一行為「賣身」。在當地很多民間傳説中，神仙也會在這天降臨人間，到「賣身」現場視察，幫助在場心善的好人。因此人們這一天都會展現自己，讓神仙更真切地觀察到世間真善美從而賜福，因此又被稱為「翻身節」或「遇仙節」。如今這個節日和「潑水節」合二為一，人們當天競相在街上潑水射水為樂，成為東莞獨特的文化遺產，受到民眾的喜愛。

萬江龍舟文化節

賽龍舟是東莞國家級非物質文化遺產保護項目，同時也是民間體育項目。明代已場面盛大，是東莞影響最大、活動時間最長、參與人數最多、最富有地域標誌性的傳統文化項目。「東莞龍舟第一景」——萬江龍舟文化節一般從每年的農曆五月初一開始。每年的端午節前後，東莞都會舉辦為期一個月的「龍舟月」系列民俗活動，屆時遊客可親臨現場，感受緊張刺激的龍舟競渡的壯觀場面，還可觀賞東江美景、參與或觀看龍舟活動、欣賞高超的非遺技藝、品嚐當地的特色美食。

七姐誕

農曆七月初七的乞巧節東莞人稱為「七姐誕」，祭拜對象除了牛郎、織女二星，還有織女的六個姐妹。這個習俗節日活動含「擺七娘」、拜仙、乞巧、吃七娘飯、看七娘戲等諸多內容。其中頗具特色的是「擺巧」，並形成獨具特色的傳統七夕工藝系列作品，如齋塔、芝麻香、鵲橋景觀、七娘盤、七夕公仔等。

重陽節

　　農曆九月初九重陽節是東莞人非常重視的大節日，當地很多學校都會放假半日。當地認為這一天二陽相交，是個大吉大利的日子，登高是討彩頭的最好方式。每年這一天莞人都會成羣結隊地去登當地的名山。放紙鳶也是當天的重要活動，重陽當天，東莞處處可見放飛紙鳶的羣眾，蔚為壯觀。

冬至

　　東莞人另一個重視的節日就是冬至，「冬至大過年」是嶺南尊奉的古語。在東莞，這一天在外的家人都會儘可能回家團圓，表示年終有所歸宿。團圓之時人們還要殺雞宰鵝，吃冬至飯、祭祖、敬神。東莞冬至要吃一種叫「冬至圓子」的特色節日食品，冬至圓子要做成紅白兩色，稱為「圓仔母」，有餡的祭祖，無餡的拜神。

◀ 東莞市非物質文化遺產展示廳的七姐誕供桌擺設 ▲

到了這裏，我們的東莞之旅也將結束了。粵港澳大灣區以物產豐富，美食多樣著稱，在東莞旅遊，自然也不會讓旅人空手空腹而歸。試試東莞本地的佳餚與特產，為這次旅行留下餘味悠長的結尾。

06

美食與伴手禮

終於，我們的東莞之旅接近尾聲了。在東莞遊覽的時間，你胃口好嗎？喜歡東莞的傳統食物嗎？臨走之前，我們去土特產品商店看一看，為家中的親朋好友購買一些美味或有趣的伴手禮，讓他們也感受到這次旅行的快樂吧！

這一餐想吃甚麼？

東江鹽焗雞

東江鹽焗雞首創於廣東東江一帶。三百多年前的東江地區鹽業發達，有人把熟雞包在紙內放入鹽堆醃儲，這種雞肉鮮香可口，別有風味。後來有人對這一做法加以改進，採取鮮雞燙鹽焗製，現焗現食，因這種鹽焗雞做法始創於東江一帶，故稱其為「東江鹽焗雞」。東江鹽焗雞製作方法獨特，色澤微黃，皮軟肉嫩，骨肉鮮香，以沙薑油鹽佐食，風味極佳，是宴會上常用的佳餚。

燒鵝瀨粉

燒鵝瀨粉是最膾炙人口的東莞美食之一。東莞燒鵝瀨粉以厚街鎮最出名。燒鵝瀨粉最講究的是一鍋美味的高湯，用整隻雞和豬骨豬肉，加許多種藥材和香料熬製。吃的時候，將瀨粉在熱水中迅速燙煮後放進碗裏，然後加上一大勺高湯，綿軟的瀨粉，配上肥美的脆皮燒鵝，還可以加配鵝肝和鵝心，一口瀨粉，一口濃香鵝肉，美味無比！

▷ 東莞東江鹽焗雞

△ 東莞燒鵝是用土鵝和東莞特產的荔枝柴燒製

▷ 東莞燒鵝瀨粉

東莞燒鵝

東莞脆皮燒鵝是嶺南燒鵝製作技藝的其中一派，名列市級非遺項目。東莞燒鵝以嶺南地區傳統用來烹製燒鵝的清遠烏鬃鵝為原材料，加工工藝多達二十餘項。同時東莞盛產荔枝，荔枝柴是優良的燒烤材料，它質地較硬，燃燒火力持久，少煙溫和，可以讓燒鵝鵝皮香脆，肉質鮮嫩，還能增添獨特的荔枝清香。東莞荔枝柴燒鵝不但可以加入瀨粉，還可以單作為一道菜呈上餐桌，供食客大快朵頤。

虎門麻蝦

虎門鎮地處珠江口東岸，珠江河與南海鹹淡水交匯處，歷來盛產麻蝦。虎門麻蝦以其肉質鮮嫩、爽脆可口而遠近聞名。麻蝦食法簡便快捷，蒸、灼、焗、曬均佳。尤其用麻蝦曬製的蝦乾肉質乾韌，咀嚼奇香，乃饋贈親朋好友的上乘佳品。麻蝦、花魚和白鴿魚三種水產同蒸，就是東莞名菜「蒸三鮮」。

虎門水魚

水魚即甲魚，俗稱鱉。虎門水魚屬於優質純正中華鱉，主要產於虎門山鄉水庫邊，這裏水質好，污染小，環境幽靜，養出的水魚不但生長快、色澤好，而且其「裙邊」寬厚、肉質細嫩，極具營養價值。

虎門膏蟹

虎門盛產青蟹，青蟹又分膏蟹和肉蟹兩種。肉蟹，是指雄性的蟹，適合加上薑葱爆炒；膏蟹則是雌性的蟹，清蒸滋味鮮美。農曆七八月份，食客會特別尋找一種虎門青蟹——奄仔蟹。奄仔蟹是產自鹹淡水交界處，還未產卵受精的雌青蟹，虎門位於珠江口河海交匯之處，當地的奄仔蟹肥美甘香，蟹膏細膩。明末清初詩人兼學者屈大均曾寫《捕蟹辭》，其中有句曰：「虎門潮水接牂牁，春淡秋鹹蟹總多。水肉金膏隨月滿，精華更奈稻花何。」

塘廈碌鵝

塘廈碌鵝是東莞的傳統特色小吃。「碌」是客家話，本意是「滾來滾去」的意思。它是一種不同於煎炸燉煮的烹飪方法，碌鵝就是把調料醃漬的鵝肉先微煎至金黃，再將之放入沸騰湯汁的大鍋中不停翻滾。澆蓋的時間，湯汁的味道，決定了出鍋鵝肉的香味和口感。烹調出來的碌鵝美味非常，滋味濃郁。

◁ 虎門麻蝦

△ 虎門膏蟹

△ 塘廈碌鵝

來些小食！

　　吃過前面的大菜主食，我們又可以繼續在東莞訪名勝、探古跡、觀風俗。不過東莞的街頭巷尾還有不少特別的小吃，遊覽途中見到，我們怎麼能抵擋住它們的美味誘惑？！

冼沙魚丸

　　魚丸是東莞的傳統水鄉美食，尤其以高埗鎮冼沙村的魚丸最為出名。冼沙魚丸選取新鮮的鯪魚剔骨取肉，再經過兩根鐵棒幾小時的反覆捶打，然後再攢成魚丸，這樣做出來的魚丸膠質多、韌性足，圓潤飽滿，鮮嫩彈牙，據說扔在地上，可以像周星馳電影《食神》裏可以當做乒乓球的牛肉丸般彈起。

道滘肉丸

　　道滘是位於東莞西部的一個鎮，早在元至正二年（1342 年）便已有建制。當地有不少著名小吃，其中道滘肉丸的製作方式與冼沙魚丸相似。精選上好五花肉切碎後，趁新鮮用兩根實心鐵棍不斷捶打成有膠質的肉醬，再加上魷魚粒、葱花以及各式調料，捏成肉丸蒸熟即可食用。道滘肉丸小巧玲瓏，彈性特強，清香不膩，令人吃起來欲罷不能。

▲ 冼沙魚丸

▲ 道滘肉丸

茅根粥

　　茅根粥是東莞的特有早點，以鮮茅根、玉竹頭、扁豆、赤小豆、茯苓等與大米同煮成粥，具有清涼、祛濕、降火的功效。這也非常符合廣東人用藥材煲湯做粥的習慣，既充飢也兼具藥食同源的道理。

道滘裹蒸粽

　　道滘裹蒸粽的歷史相當久遠。傳說南宋少傅張世傑駐軍伶仃洋外的崖山，崖山被元將張宏範攻破後，有四人逃到道滘落戶繁衍，端午節包粽子紀念屈原的傳統也被他們帶到當地。後來因為水鄉人經常要出航打漁，粽子可以長期保存，又能飽腹，便在當地流行開來，甚至於漁民出航前拜神，也要供上粽子祈求平安。

　　香港的美食家蔡瀾在其《蔡瀾旅行食記》一書中有篇文章，叫《談粽子》，其中講到廣東一帶的粽子時説：

▲ 道滘裹蒸粽

　　從廣東地區開始，我喜歡的是東莞的道滘粽，它的原料很簡單，鹹蛋黃、黃豆等，但不同的是包着一塊肥肉，而那塊肥豬肉，是浸過糖水，用糯米包了，蒸熟之後，整塊肥豬肉溶化在糯米之中，那種好吃法，只有你親自試過才知道。

　　道滘粽子採用上等鹹蛋黃、湘蓮、綠豆、五花腩肉、糯米，加上蒜蓉、沙薑、五香粉等調味品配製，用泡軟洗淨的上好青竹粽葉包裹，綁上東莞鹹草，經沸水浸泡、明火滾煮數小時製成。無論是在小店熱騰騰地買來吃，還是帶回家與家人朋友分享，都是極好的地道東莞味道。

甜蜜的零嘴

東坑糖不甩

　　東坑鎮是位於東莞市中部的一個市轄鎮，那裏有一道傳統名點叫做「糖不甩」。「糖不甩」類似沒有餡的湯圓，製法是將糯米糰子放入加入了薑的糖漿中翻炒，再撒上炒好的花生碎與雞蛋絲，吃起來滋味豐富，有許多層次。陳伯陶撰民國《東莞縣志》稱「不甩」音近似「畢羅」，而且「物之脱者曰甩」，因為糰子質感黏糯，糖漿等配料灑在上面不會脱落，因此得名。由於這道甜點的特點，它在東坑本地的傳統婚俗中亦有一席之地，據説男方去女方家求親時，女方若端出一碗糖不甩請客人吃，就意味着同意婚事，男女雙方像糖不甩一樣怎樣也分不開，未來的生活定會如膠似漆，和合甜蜜。

▲ 東坑糖不甩

麥芽糖柚皮

　　東莞石龍鎮的麥芽糖柚皮在民間一直是名聲赫赫。這裏生產的老字號「李全和」糖柚皮至今已有一百多年的歷史。作為東莞馳名特產，麥芽糖柚皮製法講究，它選用優質沙田柚皮，將柚皮曬乾後，用清水長時間浸泡，除去鮮柚皮中的苦味，然後切成薄片，最後用麥芽糖醃製而成，製好的糖柚皮每一片都晶瑩剔透、柚香撲鼻、入口軟滑、細潤無渣、甜而不膩，是一款既美味還具有健胃消食功能的特色小吃。

採購伴手禮

離開東莞之前，當然要為親朋好友選購伴手禮。旅行伴手禮選擇方便攜帶的當地特產再好不過，我們來看看東莞的市場上，有甚麼可以購買？

虎門番荔枝

廣東省優稀水果品種之一，果質優良，果肉柔軟細滑，口味香醇，且含多種人體所需的營養成分和保健成分，具有清喉潤肺、滋陰補脾之功效。

白沙油鴨

油鴨即臘鴨，以虎門白沙的最出名。白沙油鴨被譽為臘味之王，是東莞特產美食。選用優質白鴨，經鹽醃製、臘乾等工序後，便製成一隻肥白肉厚，臘香撲鼻的油鴨，配上白飯青菜，就是一道應季簡單的美味。油鴨也可用來煲飯、製作香芋油鴨煲。東莞白沙當地製成的油鴨色澤光亮潔白，味道香醇，肥而不膩。由於其質優味美，多年來一直享譽香港市場和東南亞各國。如果您到東莞遊玩，不妨帶幾隻本地特產白沙油鴨回去給家人品嚐。

▲ 麻涌香蕉豐收，香蕉在東莞最高種植面積為 1986 年的超 17 萬畝（東莞市莞城圖書館提供）

麻涌香蕉

香蕉是嶺南四大名果之一，也是東莞三大傳統作物之一，久負盛名。早在元代東莞已有香蕉生產。《元一統志》載：「蕉子，番禺、南海、東莞、清遠並有，美香而甘。」明末清初屈大均記載東莞中堂蕉利村「芭蕉滿海天」，清嘉慶年間「蕉多出麻涌蕉利一帶」，可見當時水鄉的香蕉生產已有相當的規模。麻涌香蕉皮薄光亮，果肉細滑，口感清甜、香味濃郁，是難得的嶺南佳果。

◀ 白沙油鴨（王敬新　攝）

▲ 荔枝王（何洪柱　攝，1992 年）

▶ 東莞市特產觀音綠荔枝

東莞荔枝

　　東莞在歷史上一直以盛產荔枝聞名，素有「荔枝之鄉」的美譽。東莞荔枝色、香、味俱佳，「食之令人暢然意滿」，被譽為「嶺南第一品」。東莞荔枝主要分佈在東莞市的山區、丘陵、埔田地區，主要產區有厚街、大朗、大山嶺、常平、寮步、橫瀝、企石等，以糯米糍、妃子笑、桂味等優質品種為主，果香濃郁、甜美多汁。

◀ 東莞米粉

▶ 厚街臘腸

東莞米粉

　　東莞是魚米之鄉，米粉是它的一大特產。東莞米粉以道滘米粉最為出名。東莞米粉烹飪方式多樣，食用口感香滑、細膩、柔韌，很有特色。米粉在東莞人的主食中佔據了很重要的地位。它形態各異，有圓條的瀨粉，有扁扁的河粉，有細細的線粉，有捲成條的長粉……吃法也花樣極多，光河粉一樣就有炒河粉、湯河粉、蒸河粉多種做法，再換上花樣繁多的牛肉、燒鵝、叉燒、魚丸等配菜，早餐光吃米粉，就可以讓你一個月天天不重樣！

厚街臘腸

　　東莞厚街臘腸是廣東省非物質文化遺產，陳伯陶於清末宣統年間撰寫的《東莞縣志》物產篇中已經提到「臘風腸推厚街」，可見當時厚街臘腸已經具有相當的名氣。它屬於廣式臘腸的一種，特點是腸短而粗，每一小根不到3厘米，像個大紅棗，所以又叫「棗腸」。厚街臘腸烹飪起來非常方便，剪取幾個放在飯上蒸熟即可食用。厚街臘腸色彩鮮豔、口味鹹甜、爽脆醇香，在港澳和東南亞市場都頗受歡迎。

我的
大灣區
旅行筆記

寫一寫

我的東莞之旅，見到了甚麼？

學到了甚麼？

旅行筆記

最喜歡的景點是？

最喜歡的故事是？

寫一寫

體驗到甚麼民俗？

品嚐了哪些美食？……

旅行筆記

下一站我想去的粵港澳大灣區城市：

下一站我想了解到：

鳴謝人士（按字母順序）

郭樹容先生

何洪柱先生

黎偉強先生

唐漢成先生

王景民先生

王敬新先生

曾燕芬館長

詹寶瑩女士

張永通先生

鳴謝機構（按字母順序）

東莞市莞城圖書館

虎門鎮黨政辦

虎門宣教文體旅遊辦

香港集古齋有限公司

責任編輯　楊　歌
裝幀設計　龐雅美
排　　版　龐雅美
插　　圖　鄧佩儀
印　　務　劉漢舉

穿越歷史遊灣區

東莞

小白楊工作室　策劃

陳萬雄　主編　　**劉集民**　編著

出版 ｜ 中華教育

香港北角英皇道 499 號北角工業大廈 1 樓 B 室
電話：(852) 2137 2338　傳真：(852) 2713 8202
電子郵件：info@chunghwabook.com.hk
網址：http://www.chunghwabook.com.hk

發行 ｜ 香港聯合書刊物流有限公司

香港新界荃灣德士古道 220-248 號荃灣工業中心 16 樓
電話：(852) 2150 2100　傳真：(852) 2407 3062
電子郵件：info@suplogistics.com.hk

印刷 ｜ 泰業印刷有限公司

大埔工業邨大貴街 11 至 13 號

版次 ｜ 2023 年 7 月第 1 版第 1 次印刷
©2023 中華教育

規格 ｜ 16 開（260mm x 190mm）

ISBN ｜ 978-988-8860-06-7